大展好書 好書大展

大展好書 好書大展

社會人智囊

11

男女心態定律

小田晋 著
沈永嘉 譯

大展出版社有限公司

「毫不保留」的戀愛論◎序　言

從古至今，「戀愛」的方式不一而足，不論時間如何變遷，人類仍一樣談著戀愛。但是男女關係在近二十五年來卻有了急遽的變化。

過去年輕妻子順從年長夫婿，受到呵護的一成不變的男女，開始逐漸在改變，例如在一九九五年，相撲手貴乃花與河野景子；小宮悅子與河島正三郎的「老妻少夫」的配偶不斷地出現，成為人們談論的熱門話題。

在平安時代的《源氏物語》中，也曾描寫過光源氏與藤壺中宮及六條御息所的眷戀年長女性的情節，但是在現今的日本，這樣的情況已經快成為一種社會風俗了。

目前的社會特徵是：社會、文化基礎及價值觀模糊，黑與白、現實與想像、保守與革新、白道與黑道、清醒與瘋狂的界限（Borderline）喪失，造成界限不明的情形。

受到這種風氣的影響，男女性別的角色扮演也開始混淆。雖然政治、經濟方面的「革命」久無音訊，可是性別領域的改變卻不斷進行著，至少從七〇年代至九〇年代前半，主張女性權利的女權鬥士，在言論及運動上都顯得生氣蓬勃。

其中，一向籠罩傳統神祕面紗的性也漸漸被揭開，圍繞著新的性、愛情、家庭關係的人們，似乎正在茫然中摸索前進。

在柏拉圖的「更好的另一半（Better Half）」論文中，認為男女在遠古時代是一個蛋，兩者合抱滾動前進，後來上帝看不過去，就將他們一分為二，於是有了其中一方不斷地尋求另一半的說法。而古今中外的戀愛論更是不勝枚舉，許多文學家也都以個人最擅長的文體來揮灑戀愛論。

再者，日本一般的價值觀在第二次大戰後失去了基準，例如，一個凶惡的罪犯，只要主張「盜亦三分理」而豁了出去，就會適時出現「犯罪後援會」，造成情況混亂，分不清誰是加害者，誰是被害者。在這種情形下，大概唯有「愛」的價值是至高無上，沒有人會有異議。

「愛」的種類很多，祖國愛、鄉土愛、家族愛、真理之愛、審美之愛等等，這些都是屬於愛的範疇，但是自從一九八〇年以後，性愛呼聲扶搖直上，登上了最高價值的寶座，連家族之愛、親子之愛都要站到一旁。

也就是說連拒絕「養育子女」的母親都敢大言不慚地主張她有「女性自立與性的自由」，性愛的地位由此可知。不過，性愛的定位也開始起了變化，時至今日，到底愛是什麼？戀愛又是什麼？在價值觀多樣化與界限喪失（Borderless）的情況下，這個問題仍舊無法釐清。

本書所要討論的重點是現在仍有價值的愛，尤其是性愛，現在就站在精神醫學、社會生物學及比較行為學的立場來說明，可以說是「生物學」的男女關係論。

人類雖然也是生物之一，但他同時是擁有複雜的心理，周旋社會、文化間的動物。

活躍於二十世紀前半的精神分析學提倡者西柯蒙特・佛洛依德曾經透露，人類與生俱來的複雜心理的基礎是「無意的『性本能（里比多，libido）』及『死的本能（mortido）』」。

隨著「無意識的發現」，C・G・容格（Jung）的《分析心理學》揭櫫了人類自古共通的觀念（集合無意識）及其中所含的意象（image）以及A・艾樂（Adler）的《個人心理學》強調人的「權力傾向」及受壓抑產生的自卑感之重要性，這兩者皆是受人注目的學說。

雖然佛洛依德的想法是根據進化論、能量不滅定律等十九至二十世紀的自然科學思想中生物方面的講法，但是他所使用的方法卻是人類，特別是用在分析精神病（不安性障礙、恐懼性障礙、強迫性障礙）患者之「談話」及「夢境」的心理學。

到了二十世紀後半，類似康拉德・洛倫茨（Conlart Lorents）及諾曼・汀伯翰（Norman Tinbllhen）等站在比較行為學立場的德語系生物學者，主張每一種動物都有獨特的攻擊性及抑制性，還有為了獲得異性青睞所進行的求愛行為、為了生育子女而進行的擇偶行為以及哺育子女的養育行為，這些模式都是本能的、先天的及後天的輸入（In-printing）所形成的，與人類有超乎想像的共通處。

英語系的生物學者戴斯蒙·摩里斯（Desmond Morris）曾在其著作《觀人（Man Watching）》中主張：人的行為，尤其是愛情行為或攻擊行為，與其他哺乳類動物（如鳥類）很相近，並以數張彩色照片作為輔助說明。

此外，A·戴里（Deyley）在其《古心理學（Paleopsychology）》的書中，說明了人類心性是由其深處的系統形成根源，亦即人類與其他哺乳類動物的腦部結構是相同的。

而站在社會生物學（Sociobiology）的立場，E·O·威爾遜（Wilson）及R·達金斯（Darkins）這兩個人主張，根據近來的遺傳學研究，解析以人為首的動物行為及人體DNA（去氧核醣核酸）的「生存」情況，發現它會受到多重影響，藉以解開了人類社會形成及人類行為的謎團。

本書嘗試以①精神分析學②比較行為學③社會生物學等傾向生物

學的方法，來分析今日男女之間的性、愛該何去何從？解開乍看之下複雜難以捉摸的戀愛心理，以便拓展「毫不保留」的戀愛論。

這其中也將今日性風俗變化背景的性之變與不變的部分，也就是「男女關係的不變與流行」的問題列入考慮。或許各位不習慣這樣的討論方法，不過還是希望大家能暫時加入筆者的思考行列。

小田　晉

一九九五年二月

目錄

1 喜歡上特定對象的「心態定律」

2 判讀戀愛策略的「心態定律」

3 偷情、外遇、離婚的「心態定律」

1

喜歡上特定對象的「心態定律」

男女心態定律——一見鍾情

一見鍾情
全是錯覺惹的禍

●一見鍾情後就爲對方下特別定義
●一見鍾情建立在美麗的誤會上
●無意識的anima（男性的女性意向）及animus（女性的男性意向）決定一見鍾情的對象

◉所有的戀愛都是妄想

雖然也有不需要理由的戀情，但人總是毫無理由地就掉進愛的漩渦，在相遇的一瞬間即被對方深深吸引——這就是「一見鍾情」。遇到這樣的人，心中立刻會湧出「靈感」：「我學得這個人不一樣就是不一樣！」「我有將來我倆會在一起的預感。」爲什麼會這樣呢？

人與人在初次見面時，都是以「第一印象」作爲評判他人的依據。也就是説綜合臉形、髮型、服裝等條件來掌握對方全體印象，在這種情況下，我們通常是以比較單純的外形來認識對方。

既然是與對方初見面，我們根本不會將他（她）記得一清二楚，如眼睛是這樣、鼻子是這樣、嘴巴是這樣、服裝又如何……等等，只要腦中想到這種狀況，你就可以知道我們是集合全體的直觀來掌握對方的印象。

有一個專用語「完形認知（Gestalt Identification）」是形容這種情形的，像是以對方臉部的表情來判讀其全體特徵、掌握印象的「表情認知」就是典型例子。

而且在遇到與自己有關或者有連繫的對象時，我們會直覺地評估「對方是否是理想對象？」或是「對方對自己是否有利？」甚至「對方是否會加害於我？」更是重要的問題。人在遇到其他對象會發出「我不會害你」的訊息，這種行爲不只出現在人類社會中，其他的哺乳類動物亦有相同的情況，這就是「打招呼行爲」，而人類是採行直接客套、寒暄的方式。

例如：日本人打招呼的基本模式是鞠躬，而外國人則以吻頰、擁抱或握手來表達善意。而原始人鼻與鼻相觸、交叉手臂、畫十字等獨創一格的打招呼行爲亦無所不有，其中最通行的打招呼方式就是「微笑」。

因此，我們與人見面時並不會仔細分析他，而是以直覺的方式來掌握對方的印象，但是這種方式有時會出錯，而且有的人特別容易會錯意。

像是有許多被害妄想症患者，常誤會別人對自己有惡意，或是認爲別人對自己有陰謀。

不過，我們所遭遇的人充其量也只是「對方」而已，如果硬要在他人身上貼標籤——這就是妄想症的開始。

這種妄想與正確觀念之間的區別不清，最複雜的要算是戀愛感情了，因爲所有的戀愛、嫉妒都含有與妄想類似的主觀定義因子。

某天清晨漫步在行道樹下的道路上，迎面而來的女子對你微笑，這個笑並不是刻意的，但是自己卻誤以爲對方在向自己送秋波，戀愛也許就由此生根。

反過來，若是看見自己的妻子或情人與自己以外的男性應對熱絡、狀極親暱，就會懷疑他們兩人是不是有什麼關係，嫉妒可能就因此而生。但是也唯有這樣的嫉妒及戀愛感情方可分辨精神上的觀念與正確的觀念，所以連精神科醫師都苦於判斷。

◉美麗的誤會是戀愛的種子

我們會被什麼樣的異性吸引呢？有一種說法是：小時候被灌輸的價值觀及環境的影響

會在腦海中建立標準，一遇到有好感的異性，就會把「理想的戀人」這個意象投影在他（她）身上。

「投影」就是把自己心中的心理解釋成對方的外在，特別會在自己的心中掌握當時對方的部分特徵，而產生那就是對方全部特質的錯覺。

所謂部分特徵，有時是身材、臉形等肉體上的特徵，有時是眼、鼻、唇的形狀等細微的部分，至於性格、教養及進一步的服裝、髮型都包含在內。

只要其中有一項與自己心中的意象重疊，就會產生對方有全部條件的錯覺，這就叫「錯誤意識」或「虛僞意識」，同時這也是戀愛起於錯覺的原因。

以演員爲喻可能更明白，我們常因爲演員所扮演的角色而誤會其個性，亦即演壞人的就是壞人，眉清目秀的就是好人，諸如此類的意象早就在心中形成。但是事常與願違，當我們與一個在舞台上扮演丑角，使觀衆哄堂大笑的人結婚後，才發現他平常在家都默不作聲，是個沈默寡言的男人；反過來，與在傳統戲劇中飾演正派的人步入禮堂後，才了解他是個一文不值的差勁男人，諸如此類的例子也是俯首可拾。

但是也不一定所有的人都如此，所以戀愛才會成爲人類生活中最普遍的主題。自古至今的文學家、詩人都熱衷於以戀愛爲話題的創作。

擅長以理性觀察人類的司湯達，也以「迎頭的一擊」來說明戀愛就是「一見鍾情」。他又說，「迎頭的一擊」一旦發生，立刻就會引起結晶作用（crystallization），對對方懷有戀愛感情。司湯達在其《戀愛論》的書中作了如下的比喻：

德國的薩爾茨堡以岩鹽的鹽田出名，如果有樹枝掉入岩鹽礦中，樹枝四周就會黏上閃閃發光的岩鹽結晶，像極了霧淞。同理，只要你對對方抱有戀愛感情，對方四周也會立刻產生結晶作用，舉手投足都美不勝收。

也就是說戀愛是錯覺的產物，一旦有了結晶作用，就會出現「情人眼裡出西施」的情形，而各國也都有描述這類情況的說法，如英國諺語：「Every Jack has his Gill.」，日本則說：「人各有所好。」

如果沒有美麗的誤會，戀愛根本無法成立。戀愛是因誤會而存在，浪漫也由此而生。假使愛的訊息可以像傳真、電腦連線及交換電報般正確無誤，戀愛的興奮及喜悅或許就打了對折。

◉戀愛的靈感在本能中根深蒂固

奧地利的精神科醫生西柯蒙特·佛洛依德曾將人心中無意識的部分稱爲Id（原我），

有意識的部份稱爲Ego（自我）及Super Ego（超我）。

如果單靠原我的認知來談戀愛，那麼政治聯姻或郎才女貌、門當户對的婚姻的比率就會大大地提高了。

但是隨著父親或母親「同化」所造成的後天超我戀愛的形態才是普遍的情況。所謂「同化」，就是把父母親所抱持的道德觀、倫理觀、宗教信仰引進自己的思想中，使之成爲自己在判斷人、事、物標準的一部分。

父母親的同化在心中所形成的意象也會投影在對方身上，這種無意識的作用一旦發生，你就有可能被高潔的聖母型的人吸引，相反地，你也有可能爲十惡不赦的人神魂顛倒。

此種無意識中的意象，就是佛洛依德所說的「個人的無意識」，根據他的解釋，男性經常會把自己母親的類型投影在自己喜歡的女性身上。

再者，瑞士的精神科醫生C·G·容格也主張，每個人的內心深處都有全部人共通的集合無意識，在男生的集會無意識部分有anima（男性的女性意向），女生則有animus（女性的男性意向），亦即男生會尋求接近自己anima的女性，而女生也會尋求接近自己animus的男生。

本來，戀愛就是心中無意識部分最强的本能，它早就在人類的本能或無意識中根生蒂固，並且還要加上非常强烈的感情負荷。因爲這是發自內心深處的欲求，根本談不上理性。有時候我們會將潛意識中的思維、感情當成是外來者，因此才會有心血來潮（靈感）的說法。

一個人一生中至少會談一次戀愛，所以我們最切身的靈感體驗莫過於戀愛的靈感了。

依據大腦生理學的說法，一旦遭遇這種情況，腦中的多巴胺或內啡肽（endorphia，類嗎啡因子）等的位階就會升高。

多巴胺是與嗎啡（脫氧麻黃鹼）的化學式有相同作用之物質，如果承受過大的壓力，腦的前葉或邊緣系之部位就會分泌過量的多巴胺，在精神分裂症的患者身上，有時也可看見此種病例。

所以，如果腦中的多巴胺位階升高，就會呈現與其部分相同的心理狀態。而且隨著多巴胺之提高，我們就會產生受到外界供應的感覺，說不定這就是「靈感」的由來。

內啡肽則是與嗎啡、鴉片、麻藥化學式類似的腦內物質，是爲了壓抑痛苦而分泌的。多巴胺會提高人的攻擊性，如果多巴胺與內啡肽同時分泌，人就會呈現興奮、恍惚的狀態。一對情侶能日以繼夜、夜以繼日地談情說愛，大概就源於此因。

男女心態定律──激情素

男人爲了接近女人而發出激情素
女人爲了選擇男人而發出激情素

●激情素靠動物本能察知
●激情素愈多的女性愈易接受男人的遊說
●通常男性會回想母親的味道，而女性則會回想父親的味道

◎動物發情期的味道就是激情素

一般而言，女性多覺得男性的汗臭味難以忍受，但換了男生的情況，基本上並不討厭女性發出之體臭。女性原以爲會使對方感到不愉快的味道，以男性的角度來看卻有著不同的感受。

男性與女性恰恰相反，有不少男性會被女性運動後的汗水味所吸引，但是其中的來龍去脈尚無詳細說法。

以一般的情況來說，哺乳類的雄性動物會被異性的味道吸引，而雌性則避之唯恐不

及，因此，選擇權是掌握在雌性身上。也就是說，雖然雄性會被雌性的味道吸引，但是否要與其進行「交配行為」的選擇權是操在雌性手中。

人也是如此，男性為了接近女性而嗅得出其體臭，女性為了選擇男性也嗅得出對方的體臭。不過，大部分的男性不覺得女性的體臭令人厭惡，可是一般女性卻都無法忍受男性的體臭，這可能就是原因所在吧！

附帶說明的是，一旦喜歡上對方，女性就不會嫌惡他的體臭，這也就代表了她已經喜歡上對方的激情素了。

大多數的人都會覺得自己在動物中是獨樹一格的，可是我卻常不這麼認為。人類似乎傾向於否定自己的動物性，但是，人終究還是動物，只是因為人有獨特的文化，所以能夠修正動物性的部分。

人類所失去的大部分動物性，大致上可說是良好的動物性部分，包括原則上不攻擊同類，縱使攻擊，只要求擊倒對手，在對方發出投降訊息後即會停止，由此可見，人類失去不少在動物身上仍可發現的美德。

但是對體臭的反應，動物與人類在基本上是沒有差別的。

提到體臭，在最近的雜誌及電視上，被認為在促進男女關係上扮演重要角色的「激情素」非常受注目。

激情素原來是發情期動物爲了吸引異性而散發之物質，雖然没有明顯的氣味，但是它仍舊是有味道的，再説，人也是動物，如果有能夠發出强烈激情素的男性或女性，也不值得大驚小怪。雖然我不知道激情素的效果有多大，不過，春藥是自古以來早就存在了，而且最近又有合成激情素的出現。

説到男性爲何對女性有魅力，或者女性爲何對男性有魅力，這其中依然有些無法以理説明的部分。

後來是因爲想藉由身體發出的味道來解釋，激情素這物質才開始受重視，但是其真面目至今仍無法得知。

例如，對女性而言，提到父親的味道，通常會想到的是煙味。對男性而言，就會記得母親的味道。因爲嗅覺中樞位於大腦記憶中樞的深處，所以要等到長大成人，開始有異性意識時，才會回想起味道的記憶。

男性在感覺女性的香醇之味時，多半是依據母親的生理味道而留下的記憶，他們不會覺得不舒服，換句話説，那就是激情素。

在聲音中，有一種叫超音波，在感覺上是聽不到的，但是如果聽得見，它將會爲你帶來快感，應該聽不到的聲音，事實上是聽得見的；同理，雖然無法認識那樣的味道，卻能夠產生如此效果，這就是激情素。

但是人的情況並非千篇一律，而是因人而異的，例如，有的女性能使衆多男性拜倒在她的石榴裙下，上了電車也會刺激男性對她毛手毛腳的衝動，原因或許是她發出過多的激情素。

◉激情素讓薰大將處處吃香

對日本人而言，體臭並不討喜，事實上，對異臭感到不愉快的人佔了大部分。但是歐美人卻喜歡使用麝香鹿及抹香鯨之外汗腺（apocrine line）所發出的激情素做爲香水的原料。

在日本人的精神病症中以懼人症之類型爲多，其中有一種叫做自我體臭恐懼症，患有此病的人會擔心自己的體臭使旁人厭惡他，但是事實上他並沒有體臭，只是自己的感受（幻嗅）罷了。雖然一般的歐美人體臭都很强，可是有這種症狀的人卻不多見。

原因在於日本人在傳統上是以消除自己體臭，不使他人有不快感爲待人接物之道，這同時也要歸功於他們的沐浴文化。

相反的，歐美人寧可不除體臭，反而以使用香水來强調其性的訴求，因爲白種人（Caucasoid，歐洲民族皆屬之）是肉食爲主的民族，相較於素食的東方人，當然更擅長運用麝香鹿及抹香鯨的特有味道。

如果以二分法爲區隔，白種人是積極地以體臭爲訴求，而我們黃種人（Mongoloid）則是屬於消極型。

但是若要說日本人自古一向如此，那倒不一定。

《源氏物語》中的光源氏是女性心目中的白馬王子，憑藉著其多金、瀟灑、體貼、殷勤而成爲理想男人，但是在光源氏死了之後，下一代的人就再也不看重他的魅力了，取而代之，受到注目的是「體臭」。

之後登場的是光源氏之子薰大將，他原本是女三宮與柏木的兒子，但在形式上卻成爲光源氏元配紫上之子。

薰大將的生父如果活在現代，一定會被診斷死於鬱病，而薰大將的血統就是如此，事實上薰大將的個性懦弱、不乾脆，是個優柔寡斷的男人，頗近於現今之雅痞，但是這卻是女人喜歡他的原因。不過比雅痞更具魅力的，是薰大將的體臭。

據說他與生俱來獨特的體臭，所到之處皆餘香不斷，而「薰大將」之名即源於此，因爲每當他走過後院，宮女們便紛紛探頭而出，盡情地嗅聞他的馨香。

薰大將的情敵是匂宮（身上有氣味之意），但是匂宮很羡慕薰大將能在女人國中吃得開，爲了向他看齊，自己便製造會散發香味的香料，於是在宮女之間便流傳了讚賞他們二人的說詞：「右大將好香，兵部卿夠味（右大將與兵部卿是其職稱）。」

事實上，薰大將所散發的味道正是激情素。平安時代的人們，即使是貴族，也不太沐浴，而三千煩惱絲隨風飄逸的女生若想洗髮，那更是件苦差事，如果侯門千金要洗髮，下面的宮女就要手忙腳亂好一陣子，可是頂多也是一個月一次而已。

想較之下，男生當然可以挨得更久，而既然情況如此，只好改以焚香掩飾體臭，不然別無他法，不過薰大將的情形卻是如假包換的體臭。

◉日本人向來用心於消除體臭

那麼，日本人到底從何時開始致力於消除體臭呢？據我猜測，大概是起自於鎌倉時代的禪僧——道元。

道元原本就有强迫神經症，甚至已經嚴重到成爲潔癖的程度。平安時代的貴族對動物性蛋白質的攝取並不多，體臭比起歐美人來說並不太强。但是換成道元這種患了强迫神經症的人，即使是一點點的體臭都介意得不得了，他並且也對弟子們要求身體、精神的清潔生活。

道元的潔癖也在道德上表露無遺，他不肯接近權力，不接受其庇護，不過，如果是對方主動接近倒有可能接受，但是自己是絕不主動與之有瓜葛。他一手建立的福井永平寺是衆所皆知的貧窮寺，無論是道元或弟子，都過著三餐不繼的日子。

有一次，他的弟子玄明到鎌倉去與幕府直接交涉，接受對方將土地贈與永平寺，回寺之後，玄明沾沾自喜地向道元報告他的成果，想不到道元劈頭就斥責他：「你闖了大禍！」隨後就把他逐出寺門。

到目前爲止，他的行爲我們都還可以理解，但是據說有神經強迫症的道元愈想愈不能平，覺得那弟子的存在是不潔的，於是就將玄明坐禪時的固定位置挖了一個洞，再把地板下的沙土掘深三尺後拿去倒掉。

而他所訂定的「永平寺清規」是修行的必要教條，因爲他的基本教條是「保持清潔、刷牙、消除體臭」，因此被迫過著清貧的生活，也因此，永平寺的行腳僧都能一直保有沐浴的習慣。

此外，日本自古以來即被規定，到了某個年齡，用餐時絶不可聊天，尤其在團體生活時，這樣的要求更是嚴格，我猜想道元的清規可能是這些規定的起源之一。

所以這種習慣已經深植在日本人的心中，一般人都認爲日本人花在吃飯上的時間比外國人少很多，可是到了國際化的現代，在外國人眼中，日本人默不作聲地進餐是很令人討厭的。

許多日本企業家在與外國人聚餐時，經常找不出有幾個能和對方相談甚歡的人，而且還要講英語，對日本人而言，與外國人同桌而食真是「橫飯一頓（日本人稱橫向書寫的文字爲橫文）」。

這些或許都是道元曾嚴禁在進餐時聊天所致。而鎌倉時代屬於領導階級的武士們大都信奉禪宗爲正教，所以不久後這樣的教育也流布於全體社會，結果，日本人共同生活時大半的規則都是源自道元主張的禪宗。

消除自己體臭的教條也是由道元引入武士世界的，對武士來說，消除自己的體臭具有一項很大的優點，不同於現在，鎌倉時代的夜格外的黑，在黑暗中格鬥時，如果身上有體臭，便會被敵人察知行動，因此，消除體臭與武士保命是環環相扣的。

身爲男性而塗抹香水是件大逆不道之事的觀念，至今仍深深烙印在日本人的心中，但是這也是有其歷史背景的，更何況他們還有沐浴文化，要消除體臭並不難，到了江户時代更出現了公共澡堂，沐浴的風氣也進一步地推廣到一般市民間。

有了這樣的歷史背景，有一段時期，女國、高中生、大學生及ＯＬ還主張早晨打扮，把多餘的精力都花在「消除味道」上的現象也就不足爲奇了。同時，潔癖症候群及自我體臭恐懼症也更加明顯了。

直到最近，日本人好像有了不同的改變，漸漸地也開始積極認同體臭。有一段時期，在早晨打扮的風氣吹拂下，消除體臭的商品廣告如雨後春筍般地出現，可是最近卻出現體味之商品，並且有自行調製的「自我品牌」香水。回想起平安時代的往事，這可說是文化復興的現象。

在《源氏物語》描寫匂宮之後，日本的香道就此成立，並且有調合微妙香味，然後猜出其內容，藉之獲得樂趣遊戲。

最近的「自我味道」追求現象，就是希望靠自我味道的訴求而與他人有所區別，因爲資訊化時代的特徵，就在於取得與別人的差別化，可說是符合了時代的潮流。

只要想到香水的根本就是源自激情素，說不定日本就會增加像歐美人一樣，以味道來做爲性訴求的人。以前日本有「衣袖飄香」、「後院殘香」等極富詩意的句子，仔細一想，這都是異性遺下的體臭，可見得味道與性是密不可分的。

男女心態定律——恃寵而驕的行爲

男人喜歡征服女人
女人提出被男人征服的訴求

●男人難以抗拒秋波頻送的女人
●女人以露出體膚表示服從之意
●女人以本能「誘發」男人的養育行為

◉人類疼熊貓之理由

在夜幕低垂的電車中，經常可以看到站在可能是其情人的男性面前，含情脈脈、柔情萬千的女性，事實上，不少女性在看了如此行爲的同性後會感到生氣，或許這是因爲吃醋其情有所鍾之故。

更讓她們火上加油的是那些男性對這樣的舉止露出很滿足、洋洋自得的表情，若是那位男士是屬於自己喜歡的類型，旁觀女性的怒氣可能會更上升。

不過，在這個世界上，幾乎所有的男性都難以抗拒女性的撒嬌也是事實，而且不分古今中外，這是所有生物一脈相傳的現象。

動物行爲學家戴斯蒙·摩里斯在《觀人》的著作中刊登了一張母狗在交配時從下方神情飄然地望著公狗的照片，這和人類的情況如出一轍，嚴格說來，狗與人同是哺乳類的伙伴。

凡是哺乳類或鳥類等恒溫動物，在求愛動作上都有其共通之處，像是鶴的舞蹈（雄鶴在雌鶴面前展現自己美麗的羽毛、婆娑的舞姿）就是求愛動作的一種。

那麼，一脈相傳的共同處到底在那裡呢？

最容易了解的動作就是將身體倚靠向對方，兩眼含情默默地凝視。像是馬的臉雖然比人長、高度也比人高出許多，但牠在向人類撒嬌時會把頭降低，雙眼朝上望。

類似倚偎對方、兩眼凝望的動作，就是跨越種族界限的求愛行爲，以比較行爲學的用語來說，它就是「養育行爲」的誘發。

所謂「養育行爲」就是年長者養育年幼者的行爲，而母親哺乳，父親抱小孩、哄小孩也都是「養育行爲」的一種。

幾乎所有的動物都只對自己的下一代進行「養育行爲」，但是偶爾也可見到授乳期的母貓乳育初生小兔子的情形。另一方面，人類具有把事物抽象概念化、模式化的能力，因此不只是同類，對於他可愛的動物亦會付出「養育行爲」。

「養育行爲」的原則如下：

例如，許多鳥類、哺乳類的身體特徵具有引起人類施愛、保護的念頭，具體來說，就是頭佔全身的比例大，腳的位置在身體下方。這樣的體型最容易激發人類的愛心。

這可以說是大腦皮質功能引起條件反射的學習結果，而它亦引發了大腦邊緣系的情動，也就是誘發「可愛」的感情。

而人類之所以覺得熊貓「可愛」，就是牠具備了前述的條件：頭大四肢短，不容人不起「可愛」之心。

◉「送秋波」是女性的專利嗎？

女生對男生撒嬌的目的就是爲了將那樣的身體性徵以動作表現出來。明白地說，就是女性將身體靠向男性，有時則頷首拋媚眼。

前面所說的電車中的情侶行爲即是遵從此原則而發展的。曾有人說：拋媚眼是女性誘發男性的「養育行爲」的自然技術、本能行動。而且中國字的「媚」字以女爲偏旁，這或許就是因爲它多發生於女性所致。

在人類社會中，曾有「女性是拋媚眼的一方，而男性則是被拋媚眼的一方」的社會概念。以男人而言，其肌力比女人強是不可否定的事實，爲了生存，女人必須靠男人的「養育行爲」的時代持續了很久。

但是男女關係在最近逐漸有了改變，相對地也增加了不拋媚眼的女性，或許這就是人類生活在文明國家慢慢脫離「自然」的證明，但是雌性引誘雄性之「養育行爲」的本質仍然不變。

仔細一想，這與人疼貓的道理頗有相同之處。貓雖然和熊貓不像，但是牠仍然具有許多前述的條件，而且連成貓都有那樣的特徵，更何況是小貓，惹人疼愛的程度自然不在話下。

貓的叫聲亦是原因之一，牠的「喵喵」聲聽在人類的耳中會產生「可愛」的感覺，而且貓叫聲更像極了人類嬰兒的哭聲，發情期的貓叫簡直與嬰兒哭嚎的聲音無異。人類在貓叫聲中看見了永遠的嬰孩，由於這種「可愛」的感覺，難免情不自禁地付出「養育行爲」。

人類的嬰兒以哭聲尋求成人的保護，而這個「保護」有下列三種涵意。一是清理排泄，二是餵乳，三是抱起他，給他安全感。這三者都是「養育行爲」。

◉服從亦是為了誘發「養育行為」

女人依偎在男人胸前哭泣時也會秋波頻送，發出如貓叫或嬰兒啼哭，以誘發「養育行爲」。

照這樣來看，一般的「養育行爲」被認爲是强者對弱者所採取之行動，但是情況也有逆轉的時候。

以前曾有一齣商業戲劇是描寫競爭狀況激烈時，男職員間錯綜複雜的糾葛，其主題曲由岩崎宏美主唱，歌名是「聖母們的搖籃曲」，歌詞中有一句是「現在就沈沈睡去……」，這情況正是女性對男性的呼喚，雖然這女人不是他的生母，卻想扮演與母親相同的角色。

看到如此之情景，不由得讓我們聯想到男性伏在女性胸前哭泣的樣子，如果真有男人做出這樣的行爲，那女性就會因爲被刺激母性本能而採取「養育行爲」，也許這就是作詞者的假想。

但是如果把這樣的想法套在最近的女性身上，結果就不一定了，萬一有男人做出這種行爲，女人可能會不屑一顧地說：「我不是你媽媽！」

基本而言，人類不分男女，只要被誘發，就真的會付出「養育行爲」。觸發「養育行爲」的另一個行動是——服從。

向對手表示投降的訊息在動物界，尤其是肉食動物中非常發達。以肉食動物來說，即使是同族之爭鬥，亦具有殺死對方的能力，而既然攸關性命，動物就不得不求助投降之意的表達，例如，狗在被斥責後會倏地轉身，露出腹部，好像說：「我無力了，你就咬我的肚子吧！」

再以狼的情況來說，雖然對手已經露腹求饒，但是因爲勝的一方還有攻擊性，因此會以跺腳、到處奔跑的方式來發洩多餘的精力。如今回想起來，影片中也曾出現過人與人互相鬥毆，輸了的一方就露出腹部說：「要錢沒有，要命一條！」的情景。

根據動物學家康拉德·洛倫茨的觀察，燕鷗的投降表現是垂下頸子，而此處的血管即會浮現，彷彿在表示「要殺要剮隨你便」的意思，據說在這種情況下，對手都不會再窮追不捨。

貓的情形也一樣，只要看到牠躺在地上，讓肚子朝天的模樣，愛貓人士「可愛」之心就會油然而生。類似這種小動物呈現出無力狀態的樣子最能引發「養育行爲」。

◉Boby Conscious Fashion（顯露體膚）是向男性投降之意

至於人類的投降訊息則因文化而異。投降主要是爲了表示自己無力，在西歐是以舉白旗代表此意。

另外，雙手上舉也表示投降，雖然這樣的動作會使身體的姿勢變大，但仍表示投降之意。

而奧運在開幕式的選手入場時，外國選手在通過司令台前會有右手按胸的動作，這也是表示服從的意思之一。

不過在東方的中國及日本，投降的訊息是以趴在地面，採取低姿態的方式爲之。

而在東方，光裸身體亦是投降訊息的一種，這可能與因爲東方人平常都穿著易脫的服裝有關，從歷史或文學上也常看見描寫露出肌膚表示投降的記載，這時，只露左肩是表示「我也站在你這邊」，兩肩齊露才表示投降之意。

由此看來，有一段時期流行女性露肩，這可能不只是爲了展現女人味，而可能是表示對男性降服，具有引誘其「養育行爲」的目的。

提到裸身，例如，常可見到的相撲手，他們個個體格魁梧，但是通常是光露著身體的，而其抑慕者也以女性佔絶大多數，這可能是因爲相撲手「光滑滑」的身子而引發了「養育行爲」。

相撲手的經紀人叫做「Tanimachi」，但是爲什麼有人喜歡從事這項行業呢？原因之一可能是將力氣如此大的人納入自己的麾下，可以增加自己的權勢，不過究其原因，相撲手赤裸裸的身子才是真正的理由。

也就是説雖然自己是個子大、力氣大男子，卻藉由光滑滑的身子而發出老闆是我的「Tanimachi」，我願臣服其下，進而引發「養育行爲」。

男性以光裸的身子而相撲，本來是取悦神的武道的進一步發展，在日本各地有所謂「裸祭」、「裸拜」，但是我認爲它的起源是：透過赤裸裸的身子而承認神是人類的上位者，亦即下位者的人類以在神前赤裸身子的姿勢表示對人類上位者的服從，你説是嗎？

男女心態定律——高傾向

女人爲生存下賭注向配偶要求「三高」

●男性因遺傳因子而尋求健康女性，女性因遺傳因子而尋求社會上強健的男性（優位個體）
●女性喜歡高的男性，因個子高就代表「優位個體」
●女性不選擇柔情似水的男性

◉結婚之目的在於實現遺傳因子之生存

女性擇偶的條件是「三高」，所謂「三高」就是「收入高」、「學歷高」、「個子高」三項。

女人雖在口頭上説「不可以貌取人」，但是在她們的內心深處，「外貌」之類的表面因素仍具有强大的影響力。

相較之下，社會要求必會成爲男性的決定成分。

男女就在這樣的差異下使社會順利運轉，但是這些差異的起因呢？

事實上，選擇對象與擇偶行爲（Mating Behabior ）及「交配行爲」密切相關。

在日本有「東男京女」的俗諺，意思是說在平安時代中期以後的日本，這樣的組合是最理想的配對。

所謂東男，就是指日本關東、東北一帶出生的男子，他們一般來說都是浪人，體力充沛，身材健壯，而京都出生的女子個個都千嬌百媚，兩者是「交配行爲」的終極理想。

由此來看，在女人的心目中，男人的根本魅力就在其堅強體力所代表的社會強勢，與這樣的對象結婚才有利於子孫的繁衍，使遺傳因子能世世代代傳承下去。

從另一個角度來說，美麗的女人會成爲衆多男士尋求的對象，目的是希望將來出生的女兒也能有美好的外貌，提高她長大後獲得異性青睞的可能性，讓遺傳因子繼續生存下去是其最終目的。

女性的魅力可分爲可愛與美麗兩種：

可愛有利於引發「養育行爲」，而美麗與否的標準並不詳明，但是基本上有助於促成「交配行爲」，引發對方做愛的欲求。

而日本自古所得到的教訓認爲「東男」與「京女」的結合會落實兩者之間性的營運，使子孫後代持續繁盛。

雖然有些離題，但是人類與動物不同之處在於人類的乳房位於身體前方，根據摩里斯的主張，這是女性訊息的自我表示，也就是引發「擇偶行爲」的訊息，男生遇到這種情況，會更加促進「擇偶行爲」，說不定波霸的女性因此而比較有利。

話雖如此，男性依然被要求要具有男性美，女性則被要求要有强健的體力。

人類的男性有時會留下子女出外工作。而動物的雄性則可能離巢不歸，所以雌性的動物除了要生育下一代外，還需要有充足的力量哺育下一代，因此如果母親死了，小動物要生存就難了。

基於此因，以前的男人亦有尋求身强體健的女子的習慣，例如，日本古代的源、平二氏爲了爭權而戰事連連，木曾義仲的側室巴御前在被源義經俘虜後即送往鎌倉；而在秋田城被攻陷後，英勇護城的女英雄板額亦被押往鎌倉，在鎌倉的武士卻不在乎她們是敵方的身份，希望能納她們爲妾，爲他們生育體格强健的下一代。

在江户時代，如果父母被敵軍殺害，家族中又無男性兄弟，復仇的責任就落在女人肩上，待其順利成功後，常會有望族男子願意娶其爲妻，這都是源於希望她能夠爲自己的家族生育强毅子孫的想法，你同意這樣的說法嗎？

實際來說，他們或她們也不一定就照這樣的潛意識行動，不過人們已經從遺傳學上的真實經驗得知「有其母必有其子」的事實。

◉「健康」也是女性的重要條件

前面說過，美麗的女子是男生在選擇對象的最終考慮，可是時至今日，那樣的心理已經有了變化。

男人爲了生出漂亮的女兒，因此盡可能選擇漂亮的女人爲「交配行爲」的對象，只要獲得如花美眷，男性就更容易被引發性衝動，進而提高使對方懷孕、生產的可能性，孕育出美麗的女孩。

萬一事與願違，生下的如果是男孩，只要他在性方面有足夠的魅力，留下子孫的機率依然很高，也就算是達到「交配行爲」的目的，而男性所扮演的角色，通常只是生子的肇因罷了。

就事實而言，母體的健康是小孩子健康最大的本錢，而充沛的體力也是必須的。因此男人一直在尋求身體健康、活力充沛的女性。

如此一來，女人也必須向對方表達自己的情況，男性的一方也不例外，表達的方式在古代是武藝及舞蹈，現代則以運動代表。

在描寫亞瑟王及圓桌武士的中古世紀歐洲的文學作品中，藍斯洛特（Lancelot）以體高貌美的姿態出現，他同時也是無與倫比的用槍高手，在當時的男性，尤其是武士（騎士），武藝是必備的條件。

另一項受重視的才藝是舞蹈，這原是女性必備的條件，想不到男性亦用十八般武藝的重視度來看重舞蹈。

有趣的是，這是古今中外普遍可見的現象。日本《源氏物語》的主人公光源氏最擅長的舞蹈只不過是兩手上舉，但現在卻被運動取代」，不論是男性運動員或女性運動員，其運動迷亦是基於這樣的心態而擁護他（她）們的，因此，健康就成爲促進「擇偶行爲」不可或缺的要素。

有段時期，社會上曾因「牛肉場」的出現而成爲茶餘飯後的話題，在東方來說，如同前面提到的，露出肌膚等於是在表示「人盡可夫」之意，亦即她是在引誘男性的「養育行爲」。

但是就本質來說，她是在表示「我很健康」的意思，所以能夠站在舞台上跳舞，藉由居上臨下的位置向男性表示自己的美麗、健康，在進行「擇偶行爲」的同時，也向其他女性透露「我比妳們更健康」的訊息。

不分古今中外，諸如此類的「擇偶行爲」的基礎是一成不變的，但是到了現代社會，訴求的手段就更廣泛了，例如，年輕男士絞盡腦汁想得到一部拉風的跑車，其實是在潛意識中將車子視爲展示自己健康優位的方法之故。

事實上，想開比別人更快的車子，就是具有强烈的前位排名意識的人，而且速度越快的車價格也就越昂貴，可以同時展視優厚的經濟能力，不過這也可以視爲是他在誇耀其卓越的運動能力，因爲沒有傑出的運動能力，再快的車也無法操控如意、風馳電掣。

另一方面，女性看到開快車的男人，心中可能會聯想到中世紀騎馬奔馳的騎士。此外，騎哈雷（Harley）那型亮眼機車的騎士，絕大多數是男性，目的是爲了造成女性的錯覺。

◉「個子高」是優位個體的特徵

人類爲了遺傳因子的生存條件，總是希望能選擇具備多項「優位個體」的對象。所謂「優位個體」是與「劣位個體」相對而言的，在遺傳學上是指具有長久生存的特質的人。

在這樣的意涵下，「三高」就是現代女性共識下的「優位個體」的男性之特質平均值。

因爲高學歷會令人聯想到他一定具備了更多的資訊，並且更了解社會狀況，並據此下結論：他將來成功的可能性很高。以此類推，當然也就可以有更多的收入，即使是繼承父母而來的財產也無妨，只要現在收入高就行了。

坦白地說，這等於是在要求對方有足夠的能力養活自己，並且替未出生之子女提供不虞匱乏的教育資本，讓自己不愁吃、不愁住、不愁穿。

有問題的是三高中的第三個——「個子高」。依據犯罪學專家海特穆特・奈任（Helt-moot Niezen）的說法，個子高的「優位個體」是犯罪者的一般特徵。

在許多神話、傳說中登場的神祇、英雄人物的身體特徵是個子高、膚色白、鼻梁挺，相反的，惡魔的特徵則是扁平鼻、個子矮、顏色黑、畏畏縮縮。

例如，在古印度建立原型的儀軌（人名）的作品，經由中國傳入日本後，「天部」的佛像中描繪了矮小惡鬼被聳入雲霄的多聞天、帝釋天踩在腳下的樣子。

一般人都將圖中的餓鬼，解釋爲象徵印亞大陸在西元前三千五百年征服原住民的德拉威族，至於多聞天及帝釋天則是在兩千年後入侵，將德拉威族逐往南方的雅利安族，而雅利安族的特徵就是個子高、鼻梁挺。

因爲古老的記憶一直深深烙印在印度人的腦中，因此由印度教延伸出來的佛教神像才有如此的模樣。

說來奇怪，即使沒有明顯「征服——被征服」歷史的民族也有這種情形。例如，在十五、十六世紀間被西班牙人入侵的印加帝國，原住民的印加民族還誤將比自己個子高的西班牙人，視爲太陽神Kontiki般地崇拜。

印加民族在此之前並無受其他民族侵略的經驗，雖是如此，他們依舊接受高個子就是優位個體的訊息，由此可知，這是不分國家、種族的普遍現象。

◉並非盲目地追求個子高

當然，也不是所有的女性都在追求高個子的男性。

有句話說「四肢發達，頭腦簡單」，在古今英雄豪傑中不乏具備優位個體特質的人物，但是在現實社會中，矮個子獲得勝利的可能性也不低。

其理由有二：第一，站在個人心理學立場的精神科醫生艾菲德·愛德爾（Alfred Adler）曾主張，一個人對其身體外形有不滿，就稱爲器官自卑感，結果可能引發更强烈憧憬力大無窮的男性氣概行爲，爲了獲得權勢，會比別人更全力以赴。

第二，那些人爲了獲得權勢，也必須引起有權勢之人的「養育行爲」，而個子矮的身體特質就有利於「養育行爲」的誘發。

以源義經爲例，他是日本衆所周知的天才將領。據說源義經的個子矮、身材瘦小、臉白暴牙，至於他是不是真是如此的醜八怪，至今仍議論紛紛，但是他身高不高的描寫，則可見於《平家物語》等當時的文學作品及其他記錄，大概錯不了。

在《平家物語》的屋島會戰一役中，身爲統帥的源義經不小心將手上的弓落入海中，他所拿的弓是配合自己身高特製的小弓，眼看著弓隨波漂向敵軍的船隊，爲了怕敵軍發現源氏的統帥竟是一個小不點，源義經便拼了全力地去將它撿回來。

此外，日本的「能」（日本古戲劇）「勸進帳」中扮演義經角色的都是小孩子，在「能」中雖是描寫義經將死的三十歲前半，但是爲了强調他的個子矮及他與彪形大漢弁慶之間的關係，才決定派小孩子擔綱。再者，義經與弁慶雖然是君臣的身分，不過在感情上卻比較傾向同性戀，你說是嗎？

義經與家僕之間的關係非常和諧，因爲出身於關東之武士大多個個人高馬大，眼看著在都市長大、又白又矮，卻又反應敏捷、頭腦發達的主君，心中便油然產生要對其盡忠、保護他的心情，義經可以說是已經引發了關東武士的「養育行爲」。

歌舞伎「義經千本櫻」中出現的「狐」忠信（日本戲劇中常有以狐爲主角的劇情）的

哥哥佐藤繼信，有一次爲了保護受敵人攻擊的義經，竟奮不顧身地爲他擋箭而死，類似他這麼忠心的家僕比比皆是，弁慶最後也是護主而亡，義經的魅力其實就是仁德，他的家僕無不臣服其下，不過對他的哥哥賴朝卻起不了作用。

豐臣秀吉的情況也一樣，人人都在背地裡說秀吉是隻猴子，因爲他個子雖然矮，動作卻十分敏捷，看他的肖像也真的像隻猴子。秀吉的主君織田信長也曾寫了一封信給他的妻子寧寧，說：「汝夫之貌似猴，難於衆香國中得寵，祈請安心勿念。」

信長這個人，不論是對家僕或是外人，最看不順眼的就是氣力與他相等的人，而一無是處的男人也在他的討厭之列。

另一方面，世界上也沒有比信長更難侍候的人了，有一個長年服侍他的家臣佐久間信盛，雖然對信長忠信耿耿，卻因爲他曾在數十年前的一次家督爭奪戰中偏坦自己的弟弟，事過境遷後，信長卻好像忽然想起了過去，結果就以一些芝麻小事爲罪名而放逐他，讓他餓死。

再以明智光秀爲例，他是一位教養好、有頭腦、做事有條理的男子，時常憑恃自己的教養而忠諫信長，不知道從何時開始，信長逐漸對光秀產生憎惡之感，結果光秀就在本能寺中狠心殺死了信長，這或許就是背景之一。

相較之下，秀吉是個有能力、易差遣的手下，而且又身材矮小、没有家教，因此信長對他没有一點戒心，經常重用他。

秀吉常常因犯下大錯而遭到信長的斥責，但是從未受罰，也許這都是拜其矮個子所賜。

大家都知道，秀吉後來統一天下，建立了一個新時代，可見個子矮的人一樣可以成爲人上人。由此可知，「三高」中最有遺傳力的「個子高」，也未必能百分之百地成爲遺傳因子生存下去的强力條件。

放眼看世界，有的人個兒高又多金，但是學歷低，有的人個兒高卻没錢，有的人有學歷可是不夠高……等，可見一個人要齊備「三高」並不是容易的事。假使女性真要多方挑剔，難免會陷入「新月（牛角）麵包症候群」（與以年輕女性爲主要讀者的雜誌《新月麵包》的論調相同，也就是在二十歲時標榜「不婚」，到了三十歲才開始後悔的現象）。

不過男性的情況不同於女性，雖然被催促是「擇偶行爲」的主要因素，但是也有不少男士是被女性技巧地引發了「養育行爲」。

「擇偶行爲」的刺激及「養育行爲」的觸發並不是誓不兩立的。

最好的例子就是最近成爲媒體熱門話題的女星裕木奈江，她在劇中所飾演的角色與其外貌非常相符，而裕木奈江是典型的「養育行爲觸發型」。

我們不知道她真正的性格如何，但是其容貌及全身氣質都給人楚楚可憐，像棄貓一樣地惹人疼惜，所以有許多男士覺得她很「可愛」，可是女性卻感到不是滋味，認爲她其貌不揚，爲何能夠受到男人的青睞，心情因而憤憤不平。這就代表能強烈引發「養育行爲」的女性，不一定會得到同性的認可。

◉女性還是尋求有強健肉體的男性

女性追求優位個體的男性是遺傳因子所下的命令，可是在女性的思維深處有兩個層面，而這兩個層面所追求的男性形象是有差異的。新一層的資訊是由大腦皮質輸入的，至於舊一層之訊息是原本就存在腦邊緣系或是由此而輸入的，不過由大腦皮質所輸入的資訊，也有少部分是來自古文化訊息。

古時候的人都是「靠男人生存」，在他們的認知中，好的男人莫過於漁夫、農夫、獵人及戰士，也就是體格健壯的男性。許多迷戀運動員的女性可能不只是傾心於他們很強的性能力，主要原因是運動員型的男士會引發女性心中思古追求優位個體的意識。

能夠與運動員一樣在女人國中吃香的是美男子型的男人，古板一點的說法就是眉清目秀的男子。屬於優位個體的男子容貌是指臉孔長、鼻子高挺的模樣，至於圓臉、無攻擊性的臉型也算是優位個體。

最近的日本將面部感覺分爲醬油臉與醋臉兩類，優位個體是屬於前者，也就是娃娃臉，亦有人稱爲公卿臉，當今天皇所代表的臉型即是。人的臉型還具有顯示社會地位的功用，能夠刺激「擇偶行爲」。

但是到了現在，那樣的社會地位反倒不如資訊豐富來得受重視。以「三高」爲喻，相當於是「學歷」這一項。

在目前的日本，說資訊處理能力就是生存能力也無不可。像是通過大學入學考試的能力、通過高普考的能力、通過一流企業應徵測驗的能力、在公司中升等的能力都可說是資訊處理能力。

以那樣的想法而言，聰明的男士是最當之無愧的了，可是現代高學歷的男性不一定就能無條件地吸引異性，這是因爲人的心還會受到古皮質層所影響。

例如，職棒選手、參加國粹角力賽的相撲力士，及全國足球聯盟的選手都有一個共同點，就是都娶了一位絕世美女。這並不單靠他們比同一輩的人有更豐裕的經濟力，也可能是因爲世面見得廣，所以更有女人緣。

大家可能都有如此的經驗，在進入高中後，文學才子及成績優異的高材生都成了女生仰慕的對象，但是在國中三年級之前，運動員的男生才是異性憧憬的目標。如前所述，這不外乎是女性腦中對個子高、體格魁梧、運動神經發達的男生的魅力大、交配能力强的古老記憶起了作用所致。

◉「柔情」男子未中選的理由

有一點要說明的是，女性在結婚對象條件中幾乎都列出「柔情」這一項。的確，相愛的兩個人在一起生活的過程中，「溫柔體貼」總有許多好處。

此處所指的「柔情」的第一表現是無攻擊性，第二是必須顯示「養育行爲」，第三則是不主宰對方的行動。

其中以第三項最重要，雖然許多動物都有資歷排名制，但是想在排名中佔優勢的意願並不强。

例如，溫和的父母對小孩就不太有權威，脾氣好的老師對學生就沒什麼約束力，也就是說權威這項特質是能使排名佔上風的。

我們往往會覺得貓比狗柔順，事實上，狗的確對人很忠心，能夠發揮其忠僕的效用，而這是因爲狗有强烈的資歷排名制所造成的，相比之下，貓因爲没有群體行動，所以缺乏資歷排名觀念。

在動物中，資歷排名意識最强的是日本猴，如果家中有飼養日本猴，就不難發現牠將自己視爲次於一家之主的「一家副主」，並認爲女主人的排名在其之下，如果這家人的主權在女主人手上，那牠就肯在她身後跟進跟出，而且不將男主人放在眼中，有人說飼養日本猴的夫婦多半會不合。

反正，「柔情」事實上與「三高」是相互矛盾的。

的確，如前面所說的與「柔情」男性一起生活不會有壓力，假如兩人對排名順位有共識，雙方都能達到喜悅的話也就無妨了。

但是一般而言，男性多希望能高於女性一等，認爲那是社會的傳統規範，所以女性只好灌輸自己「男性自以爲是優位個體，在資歷排名上佔優勢，因此才會這樣對待我」的想法。

不過隨著女性進入社會的機會增加，不肯接受這種觀念的女性也逐漸多了起來。

遇到這類情況，「柔情」反而成了令人傷腦筋的原因，因爲「柔情」的三項表現是與傳統的男女關係想法相互對立的。

近來女性不斷地向男性佔優勢的社會進軍，她們在進入社會後必須表現（行動上）得比男性更男性，如此方能適應社會。

例如，許多人認爲女上司、女董事長會帶給人小生怕怕的感覺，這是因爲資歷排名的意識凸顯所致，就我身邊的環境來看，護士界的資歷排名制的意識是非常嚴厲的，並且建立起比男性醫生更强固的金字塔。

金字塔的頂點是總護士長，之下是護士長、病房護士、病房主任，最底層才是一般護士，而這個「底層」的護士又分爲四個層次：畢業於大學、專科、高級護士學校及准護士學校，分別戴著不同的帽子以表示身分。

爲了要在男性佔優勢的社會立足，不論願意與否，女性也要親身體會資歷排名制的感覺，結果只是使問題更複雜。因爲在現在是資歷排名制競爭激烈的社會，一個人能不能生存，都由其排名順位而定。

例如，一個上班族是否能在退休前擠進董事的行列，攸關其退休後的晚年生活。

一旦晉升董事之列，便有充裕的時間迎接退休，過著豐裕的日子，甚至於能以一個普通董事的身分，空降到其他子公司擔任經理的職務，日後天天有專車接送，但是如果沒擠入，隔天可能就要露宿街頭了。

既然擁有資歷排名意識及充滿攻擊性的人更容易適應現代社會，齊備「三高」條件的男性的成功可能性就高多了，不過這樣的定位與「柔情」卻是南轅北轍的。

以現實問題而言，只有「柔情」優點的男性在異性眼中是不會中選的，女性雖然在嘴巴上說得動聽「外貌没關係，心好最重要」，事實上卻經常違背自己所說的話而選擇相貌出衆的結婚對象。此乃因爲美貌亦屬於優位個體的範疇，而且與優位個體一同生活有利於遺傳因子的生存。

再者，只有柔情是其優點的男士所代表的家庭，出了社會後一敗塗地的情形不少，結果便使家庭生存受到威脅，女性可能就因而不選他了。

若是說理想中的對象，「柔情」與「三高」同時兼備的男性才是上上之選，但是現實中這樣的男人是可遇而不可求的。

如果只考慮到「養育行爲」，柔情與生存有時候是能同時兼顧的，根據社會經濟生產力總部所做的「ＪＭＩ產業人員精神健康診斷測驗」發現，一般產業人員隨著職員而股長，由股長而課長，由課長而經理、由經理而董事的社會地位上昇，精神及肉體的健康情況都比較好。

這些能在工作崗位上扶搖直上的人，其性格特徵有「上進、急切、自我顯耀、鍥而不舍、憂鬱」，他們所表現出來的行爲是中規中矩、工作熱心、做事有條理，是能讓人信賴的人。

所謂上進、急切就是高格調；自我顯耀就是虛榮心强；鍥而不舍就是耐心，甚至近於嚕嗦的程度，而憂鬱就是容易罹患憂鬱症的個性。

我個人把這類性格稱爲晉昇症候群（Promotion Syndrome）。這些標準是援用精神病理的模式，也就是有心理疾病或易得心理疾病的人的抽出模式。其他的標準會隨著地位的上升而減輕程度，唯獨這五項是跟著職位的調昇而繼續增加。除此之外，根據統計，在日本的企業中，有「領袖氣質」的人也容易獲得升遷的機會。

◉「入網之魚才不會跑」是爾虞我詐的心理

另外還有一項是「設身處地」，所謂設身處地就是能了解他人的心情，體貼待人。意外的是，地位愈高的人愈能爲別人著想。

的確，這些具有前述特徵的人很輕易就獲得了別人對他領導統御力的認同，這是因爲以上司之立場來管理部屬，可以顯示「養育行爲」所致，由於屬下對其寄予深厚的信賴，又喜歡其照顧人的男子氣概，所以他也能受到女性的歡迎。

不過也有很多男性主管只體貼屬下，對妻子卻一點也不柔情，他之所以親切對待部屬，完全是資歷排名的意識在作祟，基於上位者必須保護下位者的社會觀念，他自然就要遵守這樣的遊戲規則。

因爲具有强烈的上進心，所以他會對其他交易公司、顧客特別用心，而自己的妻子與順名、升遷並無關係，所以就不會將心思花在她身上。

結果，這樣的男人在部屬、顧客的眼中是「好上司」、「好伙伴」，回家後卻不見得是體貼妻子的「好丈夫」。

由此可見，滿足「三高」條件與在家中是不是柔情夫婿之間是不能畫上等號的。除非女性也具有强烈的排名意識，對男性有歇斯底里被虐傾向，不然夫妻間一定會出現齟齬的。

因此在決定結婚前，女生必須先想想：「將來建立家庭後他會如何待我？他會有什麼行爲？」可是如果女性都這麼做，大概就結不成婚了。

再說婚後就會形成家庭的小社會，其實不分大小，只要是人類社會就有勢力範圍及資歷排名，所以在家族上仍有勢力範圍及排名的問題。

具有强力勢力範圍及排名意識的男性，在家中也會主張自己的勢力範圍及排名，如此才能發揮約束力。

有句話說「入網之魚才不會跑」，它不但是一句名言，也是夫妻關係最好的寫照，意思是說沒有必要就不再投資了，相反的，只要行情看好，投資的行動就會持續下去。

事實也確是如此，當初他（她）會認爲：「我如果不這麼做，她（他）就會離開我！」所以才會在感情上、物質上向對方投資。一旦結了婚，不論是男人或女人，都不會再採取引發「養育行爲」的行動，結果，養育行爲就消沈了。

不少妻子向丈夫理怨：「自從結了婚，你就對我不理不睬！」此時丈夫就會反駁：「自從結了婚，妳有像婚前那樣對我撒嬌嗎？」這真是爾虞我詐啊！

再者，所謂勢力範圍，就是互相有自己的領域，而且在婚前是互不侵犯的。

雖然沒有比較含蓄的說法，但是一個與女性交往的男性要表現「紳士」的風度，就是不侵犯對方的勢力範圍，做爲一位「紳士」，會在約會後送女生回家，但是只到玄關爲止，然後輕聲道聲「晚安」就離開。

一旦進入對方的天地，親密度固然會提高，不過吵嘴的情況也會隨之而來。當勢力範圍及資歷排名制壓迫到這個小社會的那一瞬間，問題往往就由此衍生。再者，男女兩性對勢力範圍及資歷排名制的看法有極大的差異，站在這樣的觀點，近來年離婚率增加的情形也就不足爲奇了。

◉「金龜婿」是古今男性不變的願望

自古以來，女性理想的結婚對象之一就是「白馬王子」，也就是婆家有錢之意。家境優渥，擁有附帶庭院的獨棟房屋的男子是女性擇偶的要件，時至今日，想嫁「白馬王子」的女性仍大有人在。

女性之所以會有如此的念頭，完全是因爲角色分擔的個性造成的。長久以來，生兒育女被認爲是女人最大的任務，所以她會希望能在最好的環境下完成任務。

不過，最近成爲熱門話題的，卻是男性的「金龜婿」意圖。

事實上不只是女性，男性自古至今都一直想成爲「金龜婿」。雖然這個名詞是最近才有的，其實男性在古早以前就將之奉爲圭臬。

日本《一寸法師》的寓言就是典型例子，故事中的男主角是鄉下來的土包子，而且身高只有一寸（約三公分），想不到他卻能打敗魔鬼，贏得公主的芳心，並且借由魔棒的法力使自己長高，再與公主結婚，擔任中納言的職位，他真是「金龜婿」的最佳代表。

至於《三年寢太郎》（昏睡了三年的男子，突然立志要到城裡闖天下的故事）及《藁惢（稻草之意）富翁》（以一根稻草來以物易物而變成富翁，並與貴族的女兒結婚的故事）都是「金龜婿」的寓言。

由一個貧農而發奮到城市打拚，最後娶了貴族之女，搖身一變而成夫以妻爲貴之金龜婿，並且繼承貴族的頭銜與封地之類的劇情雖然是天方夜譚，没想到這才是男性渴求的夢想。

仔細想想，只要是這類寓言故事，都引用這樣的模式而成，「金龜婿」物語只不過是換個樣罷了。在《一寸法師》中，男主角的矮個子自卑還是靠魔棒的法力而恢復的呢！

在以藤原氏爲首的日本平安時代，每個貴族都想把女兒嫁給天皇，以便在激烈競爭中獲得垂簾施政的機會。清少納言之所以與紫式部合不來，完全是因爲她們的靠山中宮定子（藤原道隆的女兒）與皇后上東門院彰子（藤原道長的女兒）對立之故。

在《源氏物語》中有「婿功」一詞，意思是青年貴族藉著與有力貴族之庇護，並與其女兒策畫而出人頭地之意。而有力貴族的那一方也希望由貴族青年成爲入幕之賓，能夠呵護其女，顯揚家族。從平民到貴族，説世間男子都以成爲「金龜婿」爲目標也不爲過。

而地位最高的天皇，若不是娶了一個權勢最大的貴族之女兒爲妻，想登基都有困難。亦即金玉之軀的太子如果想登九五之尊的寶座，就必須娶得最具權勢的貴族之女。在此之前，他要能夠正確判斷政治局勢，相準誰會是日後掌握大權的貴族，然後迎娶他的女兒。事實上，在當時凡是娶到藤原道長系的女兒的王孫貴族，最後都登上天皇之位。

光源氏之所以能在貴族之路扶搖直上，原因就在於他娶了當時左大臣的女兒葵上爲妻之故。不過在他平步青雲後，卻對以其爲自己庇護者自居的葵上很不是味道。

因此，他不太喜歡接近葵上，反而違反倫常地將父親的側室（藤壺）或是拐帶一直像父母般疼愛他，失去奶奶的孤兒（紫上）當成原配一樣地對待。外遇對象則找上政治勁敵的女兒（朧月夜），結果弄得身敗名裂。

如此看來，「擇偶行爲」絕不只由對象的地位而定，魅力問題亦是一大要因，至於看重那一方則成爲亘古以來文學與電影之主題。

究竟該選擇肉體上的魅力或是個性上的溫柔，還是應選擇有利的社會地位，答案是沒有一定的，端看個人的價值觀如何，不過，即使是同一個人，價值觀也不是恒久不變的，因此就更加麻煩了。

一個男人會同時愛上兩個女人的原因就在此，當他無法再腳踏兩條船時，就會想辦法瓦解其中一位在自己心中的價值。

例如，石川達三的小說《我們的失敗》及賽杜爾·杜來瑟的原著《美國的悲劇》，搬上銀幕後則改名爲由喬治·史帝芬導演的《郎心如鐵》，都是深入刻化男性內心糾葛的佳作。

同時愛上的兩個女人，一個是地位高尚、教養良好的上流階級淑媛，另一個卻是平民階級的女工，在取捨之間真令男人左右爲難。

美國有不少影片都以此爲題材，因爲在那裡，社會地位與個人魅力是有極大的差異的。

◉在零和社會中，攻擊性、支配性、蠻力大的男性無立足之地

人類的「擇偶求爲」被纏繞在複雜的因素中，包括雙方的價值觀、審美觀、體力強弱、社會背景、成長環境、及教養良窳等等，重視的程度往往因人而異。

許多喜歡有個性、能領導自己的女性往往因爲選擇了支配心力、有攻擊性的男人，讓自己落入痛苦的深淵。假使男方收入多、經濟富裕，可以保證優渥的生活，女方可能就會認命，但是如果不靠男方生活，卻又與之一同過日子的情況亦有，尤其是人類以外的動物大多都是屬於這種情形。

爲什麼會這樣呢?因爲牠們會預想到雄性的對方不一定，會一直爲自己找食物，所以

事先就選擇能夠生出强健的下一代的遺傳因子（雄性），在雌性的想法中，强而有力的配偶才能孕育出生命力强的子女，好的遺傳因子存活的可能性才會提高，此時，美醜就不再是「擇偶行爲」的關鍵，取而代之的是使個體繼續生存的體力强弱問題。

由此可見，「擇偶行爲」的根本要件在於是否能使遺傳因子生存下去，而且這可能也是動物的本能所致。在現實生活中，因爲有許多因素若隱若現，要明訂何者是優位個體也非簡單易行的。

例如，不論是男是女，都會說：「腦筋不好没關係，心地好最重要。」「外貌無大礙，只要溫柔就行了。」就其意涵而言，它明白地表示了女性希望與體貼的男人結婚後，生活會比較輕鬆一點。

只是，隨著時間的流逝，雙方的真面目逐漸顯露出來，本能的條件在此時仍是最具分量的，尤其是男性，肉體如果不夠健壯，只怕會被女生一腳踢開。

我常常忠告年輕人，說：「不管你是男生，還是女生，選擇結婚對象時要選一個愛自己、重視自己的人，也就是找一個自己的『愛好者』結婚。」

電視廣告上曾出現這樣的台詞，年輕的女職員說：「課長真是不解風情，每次都讓我碰釘子！」它所代表的情況在現實世界中是可以遇到的，因爲在工作環境中，有能力、有魄力，做事乾淨俐落的男性，常常令女同事爲之傾倒，並想盡辦法博得他的歡心，可是對方卻無動於衷，或假裝不知而去追求其他異性，這就是「人在福中不知福」。

現在一億多人的日本，可以說都是中產階級，也就是都平等化了，在生活水準上幾乎沒有什麼差異，只要有活下去的意願就能活下去。在這樣的社會中，曾經是生存決定因素的强健體格及攻擊性，此時都派不上用場了。

現在無疑是不具攻擊性的男性更能適應社會的情形，尤其在組織化的社會更是如此，因此，最近的女性才會說：「溫柔體貼的男人才是第一人選。」

的確，在美國西部拓荒時代或是日本高度經濟成長期之時，身心强健，具有攻擊、領導力、毅力堅强的男性，才是上上之選，但是在零和（無輸贏）社會或柔情取向的社會中，那樣的人是令人厭惡的。

在柔情與零和的社會中，弱肉强食的現象很難發生，而是由各種人各據一方，所以不得不和平相處。

在亂世或是戰國時代，領導者的地位非强健之人莫屬，但是到了現在，就只能垂胸頓足，隱藏在別人身後，這也是無可奈何之事。而女性的意中人也改採柔情取向，像是會開車接送、邀請進餐或有求必應的多情男子，都成爲當今女性的最愛，可見她們也感受到社會的變化，或許這也是女性的生存本能DNA的作用。

不可諱言的，還是有重視野性部分的女人，憑著天性，她們仍然會選擇體格魁梧、強而有力的男人。

但是放眼一望，夫妻的組合真是琳琅滿目，有美女帥哥的組合，有醜男靚女的搭配，還有白馬王子配上醜女，或者是白雪公主配上醜八怪的例子，但大部分的情況中，總是讓人覺得他們是如此地平衡。

在人類的情形中，促進「擇偶行爲」的因素很多，一個英俊瀟灑、性格沈穩的男性可能被一個才貌各方面都不出色的女性所吸引，另一方面，也有不知照照鏡子看看自己的容貌，卻斤斤計較，不論對方個性如何，非美女不要的男人，之所以產生這些現象，完全是男性的「anima」的影響所致。

女性的「animus」亦有相同的作用，如果內心深處的「animus」對攻擊性的男人有强烈感覺，她就會迷戀此類型的男人。

除了個性方面的差異，尚有許多其他多元化的因素也能促進「擇偶行爲」。

有的男性非常重視女性胸圍的大小，也有的女性非常在意男性陰莖的尺寸，還有人整顆心都被對方的體臭收買了，體臭之於人的感覺真是天壤之別，喜歡與否全靠個人主觀的感想，絕不可以貌取人。乍看之下，雖然沒有沈魚落雁之姿，但是只要她的體臭符合自己的喜好，又有何不可呢？

◉美女都臣服於權勢之下

從古來歷史可以得知，愈醜愈老的權勢者，圍繞在他身邊的美女愈多，有許多男人大感不平，心想：「爲什麼像黑猩猩那樣的老頭子，竟然能夠如衆星拱月般受到女人的歡迎？」

關於這個問題，無論是生物學、心理學或社會學，都能簡單加以說明。以心理學而言，那樣的人對自己的外貌有（器官）自卑感，便希望藉由美女來獲得補償。另外，也有爲了誇耀自己的身分、地位，所以才將美女留置在身邊。

自古以來，美女一窩蜂湧至權勢之下已成一項定律。

說起權勢，古今是全然不同的，最近的權勢者在資訊化的時代中，因爲有媒體的「監視」，想要有美女在側、另築香巢養兒育女已經不是容易的事，不過仍然時有所聞，而以前的權勢者總是多子多孫。

這是因爲古代的權勢者身處於一夫多妻或一妻多夫的制度中，子孫滿堂是很自然的事。一個強勢的上位者會希望自己的DNA能多方延續，所以就不斷地繁衍自己的複製品。將美女留置在身側是權勢者獨享的特權，目的在製造有自己遺傳因子的繼承人。

當然其中也有像豐臣秀吉，雖然握有大權，卻無視於生存原則的人，他畢生都在追求浪漫的美夢，最後只落得「出師未捷身先死」的喟嘆。

晚年時代的秀吉對原配北政所敬而遠之，而她卻在暗地裡坦護秀吉的心腹加藤清正及福島正則，他們二人也就轉而對北政所心悦誠服，眼見著將軍如此對待原配，忠誠之心就離其而去，最後在關原會戰中向敵軍德川家康倒戈。

秀吉之所以冷落北政所，完全是因爲他無法忘懷初戀情人市之方（織田信長之妹）。從留傳下來的圖像可以知道市之方是日本歷史上數一數二的絶代美女，秀吉一直希望能娶得這位如花美眷，但是天不從人願。更諷刺的是，命運安排她與其夫婿柴田勝家在賤岳一戰中與秀吉成爲敵對的雙方，當秀吉的軍隊擊敗柴田勝家後，市之方也與之同歸於盡，日後的多次戰爭也逐漸確立了秀吉的霸權。

戰爭結束後，秀吉收留了市之方的女兒，藉由茶茶（信長之姪女，後定名爲淀君）的面容可聊以自慰對愛人的思慕之情，之後並納其爲側室。

不過，從另一個角度來看，秀吉等於是篡奪了整個織田家，因爲他將信長的弟弟們殺的殺、放逐的放逐，如今又得到了他的姪女，無論在社會上或心理上，都讓他陷入了罪惡感的深淵。

既然握有天下，秀吉也不得不在DNA的驅使下考慮繼承上的問題，但是秀吉的家族原本就人丁單薄，再加上罪惡感深重，生兒育女的情況並不理想。

他與北政所之間沒有兒女，雖然有許多出生名門的側室，卻依然一點消息也沒有。想不到淀君竟然在他年過半百後爲他生下孩子，秀吉在獲得麟兒後欣喜若狂，對他百般溺愛，可惜第一個兒子早夭，當第二個兒子秀賴出生時，秀吉已經五十七歲了。

在秀賴尚未長大成人前，秀吉與德川家康的對立更加嚴重，最後，淀君與秀賴在大阪城自盡而亡，豐臣家也因而滅種，可見秀吉生子不太符合生存原則。

另一方面，捨浪漫而取生存原則，並徹底施行的是德川家康。

家康將妻妾的標準訂爲健康及健美，而且一個個挑上身分低賤的女子，只有原配朝日姫出身高貴，她是秀吉的妹妹。朝日姫替家康生了第二代將軍秀忠，之下的三個嫡子弟弟是三大國柱，其他的側室也陸續爲他生下子嗣，庶子們世姓松平，分派至各要塞統禦，以利維護德川家的安泰，在生存策略上，德川家佔了更大的優勢。

以此標準觀之，建立鎌倉幕府的源賴朝也沒有好好遵行生存原則，他的子嗣不多，卻又多方殺害，如果他有足夠的子女，或許尚可傳承，偏偏賴朝的妻子政子嫉妒心深，不允許他納側室；創設室町幕府的足利尊氏也是子女不多，這些缺點經由歷史證明，成了權力維持上最大的瓶頸。

◉即將邁入肌肉男女吃香的時代

說到個人「喜好」，不論男女，都有人偏愛胖子或瘦子。這是因爲一個人的胖瘦與其個人的性格、氣質有密切關係。

像是肥胖型的人多具循環氣質，而削瘦的人則多爲分裂氣質，屬於肌肉型的人多有黏著氣質。

個性開朗、饒舌、爲人親切、擅長交際、現實的人多屬於肥胖型；削瘦型的人個性多爲內向、給人理性、冷漠、寡言的感覺，隨情形不同，時而多慮，時而敏感。

削瘦型的人容易罹患精神分裂症，這種個性的男性在遺傳學上稱爲多巴胺過剩型，没想到卻意外地受女性歡迎。分裂症患者的腦中的多巴胺比常人多，它是一種與麻醉藥的化學式及作用類似的物質，因此東京醫科牙科大學教授融道男將之取名爲「多巴胺過剩症候群」，就生理學上來看，這種人的腦部覺醒度高，可以說擁有一個「高感度的腦」。

這類型的男性在面對多變的社會時比較佔優勢，因爲他們比較不擅長社交，又充滿了理性，如果到了太平時代就會手足無措，不過由於他們仍然具有現實的一面，尚不至於進退維谷。一旦到了動亂時代，很多人就搖身一變而爲預言家或探險家，難怪許多循環氣質的人會被其吸引。

德國精神醫學家維恩克拉曾說，現代的抽象繪畫中，大部分是概念性或幾何學的作品，而且它們與分裂症患者所描繪的圖樣頗爲相似，可見現今之時代精神與分裂症患者的精神有重疊之處。

換句話說，現代社會，尤其是都市生活，以前傳統的地緣、血緣關係被解體了，每個人四散生活，因此，耐得住寂寞，不太尋求情緒連繫的人，就比較能夠適應現代的都市生活。以這個角度來看，削瘦型的人的存在價值愈來愈高。

在從前的村落社會，循環氣質的人可以暢行無阻，因爲他們不太思考將來，只著重目前的情況及與周遭人物的協調，被認爲是親切的好人。但是到了最近這種社會變動激烈的時代，東京街頭也出現許多來自鄉下的土包子，並且在工作上有所成就，雖然他們能夠在家鄉來往自如，卻不太能在東京適應一個人孤獨的生活。

再者，因爲削瘦型的人多屬多巴胺過剩型，容易罹患精神病，又聲稱可以聽見神祇的聲音或具有預知的能力，是教祖、預言家的類型，由此可見，削瘦型的人頗有神秘魅力，如果再具備白皙的膚色、高挺的鼻梁及冷酷的表情，就更無懈可擊了。

相對的，肌肉型男性的個性就傾向中規中矩、鍥而不舍，同時亦有攻擊性、爆發力的性格，這種人不畏艱難或肉體上的危險，富有耐心、對長輩忠誠，是「戰士型」的人物。假使能遇上好的主君，就會成爲「英勇的武士」。現今的企業之所以喜歡錄用運動員，乃是基於肌肉型的性格之故。

在女性眼中，肌肉型的男性有體力，就遺傳因子的生存角度而言，這類型的人是比較理想的對象，不過一般說來，他們缺乏纖細的神經，而且會對芝麻小事斤斤計較，偶爾也會突然發怒，在今日的社會情況下，或許會被「擇偶行爲」的異性對象敬而遠之。

當此之時，最受注目的莫過於是肌肉型女性受男士青睞的時代，事實上，以女運動員爲代表的肌肉型女性，在男女間都頗受歡迎。

其理由有二：

第一是因爲其所扮演的角色接近中性，就「擇偶行爲」而言，這樣的女性可能生出身體較强健的下一代。第二則是肌肉型的女性多屬於野性型，對於資歷排名的關係比較敏感。

女性在成爲爲運動員前，大致上會先成爲運動社團的一分子，並積極運動、練習。這種運動團體的特徵是有嚴格的「前輩——晚輩」的資歷排名觀念，長久處於如此的環境，使女運動員無形中被潛移默化，能夠認同這樣的關係，所以在結婚後，只要承認男性的領導地位，她便會對他言聽計從。

前面提過，這類型的人會有偶發的爆炸性，如果能夠把這樣的爆炸力發揮在運動場上，成就是無可限量的。也許日後將是肌肉型女性尋找配偶的有利時代。

尤其是屬於競爭社會的美國，如果人們高估肌肉型人的爆炸性、攻擊性，情況可能會有進一步的改變，如前所述，在美國，從事户外運動才是夠資格的菁英分子，處於那種時代，擁有支配階級常具之特性的人，便有利於獲得異性。

因此肌肉型的人不斷地聚集在支配階級，而且肌肉型的帥哥美女也成爲每個人的理想對象。

近年來，好萊塢電影中屬於肌肉型的明星特別受歡迎，像是阿諾史瓦辛格、席維斯史特龍、瑪丹娜及珍芳達，他（她）們都是這種傾向的象徵。而以前能走紅的女明星則多屬於弱不禁風，輕輕一碰就會化爲烏有的美女，屬於瑪麗蓮夢露那一型的女星最近少了很多。雖然好萊塢的明星不一定各個出身名流，但是只要獲得明星的頭銜，就能立刻成爲支配階級。

男女心態定律——死心眼

男人一戀愛就容易窄化視野愈難得手的愈要追

●男人比女人更死眼
●如果「陰影」與「anima」合而為一，犯罪率會更高
●女人之所以對男人有不情之請，完全是因為想留下強壯的遺傳因子

◉因為想不開而走上犯罪之途……

雖然動物的情況不明，但是就人類而言，戀愛絕對不是合理的，主要原因是戀愛不是經由大腦皮質的行爲。一個人的所做所爲若沒有經由輸入大腦皮質的文化抑制來做判斷，就不可能採取合理的處理方式。

前面曾提及，大腦皮質並無分泌性荷爾蒙的細胞，而掌司好惡之情的是屬於大腦邊緣系的間腦及腦下垂體，既然如此，人類就不能單靠理性來談戀愛了。

例如，有的男人追求的標準有時過低，有時又太高，前者無論是社會地位或是外貌條

件都不是值得他追求的對象，後者又是他高攀不上的人物。

究其原因是一個男人一旦下決心想獲得某位女性時，他的視野就會變得狹窄，一心一意只想得到她，說他不理智，還真是不夠理智，而且男人的確有這麼一面。各位讀者可能曾經從電視新聞及報章雜誌上看到此類的事件。

例如，一位女士因爲婚後與夫婿不合，只好離家出走回到娘家，娘家的人又批評她的丈夫「一文不值」，勸她離婚算了，男方不甘心，就到她家趕盡殺絕，妻子及其娘家之人都無一倖免，如此之事屢見不鮮。

有的情形則是：一名男子在上班途中對某位女性一見鍾情，或是愛上了公司的女同事，之後便立刻對她說：「嫁給我吧！」但是對方根本無意於他，所以就多方躲避，可是他仍然窮追不捨，結果他就想：「或許拿刀威脅，她就會聽從！」或是想：「乾脆同歸於盡！一死百了！」最後以悲劇收場。

更病態的是，自己心生幻想，認爲對方對他有意，而且頻頻送秋波，現在竟然說要分手，這種情形就稱爲「戀愛妄想」或是「熱情妄想」。

其實是男性先喜歡對方，可是他卻忘了這點，誤以爲是對方自動投懷送抱，我一逃，她就追，我對她是「落花有意，流水無情」，沒想到現在卻採取冷淡的態度，我被她耍了。因爲戀愛妄想所引發的被害妄想也常造成刑事案件。

「落花有意」的真實性是無法以客觀的方法來測定，所以是不是那女性先有誘惑行爲的也無從得知。

遇到這種情況，周遭的人也會覺得莫名其妙，爲什麼他會對那位女生朝思暮想？天下女人何其多，爲什麼他獨獨鍾情於那位躲避他的女人？

没想到原因卻在於因爲她的逃避，才引燃他追求的念頭，事實上，不論是男性或女性，只要愛上某位特定異性，就可能陷入視野狹窄之境。

此外，因爲人類社會一向有「排名制」的觀念，眼見自己對她付出那麼多的感情，她卻拒我於千里之外，男性自尊難免會受到傷害，更何況工作或社交等其他社會面的尊嚴也會受到波及，這種損傷會帶給男性極深的打擊。

另一方面，即使是自尊心一向被滿足的男性，也有採取行動的例子，因爲他總是自以爲是最適合她的人選，卻不知她爲何多方躲避。

就連希臘神話中地位最崇高的宙斯，也對逃避他的女人緊追不放，結果她變成了一隻鳥。可見就算是貴如君王的權勢者，雖然要多少女人就有多少女人，卻偏偏要追求不愛他的女人，因而引發麻煩之例，真是不勝枚舉。

古代日本天智天皇有一句詩是：「吾已得安見子（女人名），曠世難得安見子。」再從其行動可知，男性具有一旦將對方據爲己有後，便立刻尋求下一個目標的心態。

◎「陰影」與「anima」合體後的恐怖性

這樣一來，也許各位會認爲男性並非以把女人納爲已有爲目的，其實不然，因爲她之所以成爲目標，必定有其特殊特徵，如果想知道那「特徵」到底是什麼，可以參考那位男性本身與生俱來的「潛意識」。

佛洛依德認爲，「戀母情結」及「戀父情結」都是個人生活史上建立的意識；阿德勒所說的「自卑情結」的來源亦是如此；容格則主張每個人都有與生俱來的「無意識情結」。

根據容格的分析心理學，人的內心深處藏有人類初生之時即輸入的「集團無意識」。至於「它」是否由全體人類共同的遺傳因子所決定就無從得知了。不過，容格卻認爲在人類的夢境、神話、民間俗語、幻境中出現的意象有共通之體貌，稱之爲「archetype（原始意象）」而他也舉出其中之一的「shadow（陰影）」爲例子。

陰影及「anima」、「animus」都是非常重要的意象，它們也是在自己內心意象中不被承認的爲惡部分。具體而言，它們會在一個人的夢中以一團漆黑的男子、一抹黑影、黑色惡魔或黑衣男子的外形出現。

人活在世界上，有其善良的一面，這種善的面具，容格稱爲「persona（人格面具）」，亦即藉由帶上這個面具，將自己爲惡的部分（陰影）逐出意識之外。

旅館員工及旅行社領隊常抱怨：「遇到學校老師及警察團體真是拿他沒辦法！」這是因爲這兩種職業的人，壓抑自己平常具有之陰影的頻率較大所致。

即使是警察，有時也會犯下十惡不赦之罪，而學校老師有可能出現令人跌破眼鏡的行爲，這些都是因爲無法技巧地控制自己的陰影部分，雖然戴著善良的面具，結果卻闖下大禍。

再說說男人的情況，萬一「陰影」部分與「anima（男性心中的女性意象）」合體，後果就不堪設想了。因爲當他內心深處「爲惡的黑色部分」與本人心中的女性意象合而爲一後會形成「黑靈氣」，在不知不覺中就會使人被蠱惑，也就是會形成可能讓人走上絕路的女性意象。

例如，在十八世紀前半法國作家安培·列佛的小說中所描寫的女性瑪儂·雷斯克，與她交往的男性都一個個走向不歸路，但是她卻能一直俘虜許多男人的心。那些明知她是個會爲男人帶來不幸、吞食男人的女人，與其交往必定沒有好下場，最後還是拜倒在她的石榴裙下。

在書中有一段描述一名死命愛上她，卻被玩弄於股掌之間的青年戴·克里的破滅戀情，不知道爲什麼，男人總有如此的一面。

在希臘詩人荷馬的叙事詩《奧狄賽》中有一個下半身是鳥、上半身是女人，名叫賽倫的海妖的故事亦是如此，她以美妙的歌聲迷惑航行海上的水手，凡是被她歌聲吸引而將船駛近的人都一一遇難。

此外，日本上田秋成所寫的《雨月物語》中的〈吉備津之釜〉中的女主角磯良，因爲怨恨與妓女私奔的丈夫，於是變身爲妖怪吃掉那名妓女及丈夫。中國的《白蛇傳》、《牡丹燈籠》也是此類的故事。《牡丹燈籠》中出現的兩名女性皆是鬼魂，男人想逃都逃不掉。

這全部都是「陰影」與「anima」合體後，男性在現實女性身上所投射的影像，而且一切都在無意識中進行，因此他根本不知道他所看見的只不過是自己的「陰影」及「anima」。

◉愛上女人的男人會陷入視野狹窄的境地

男性一旦被某女吸引，便會對她百般糾纏，因此更陷入視野狹窄的深淵，有時更會拿自己的生命財產在她身上孤注一擲。

只要發現自己所看到的是「陰影」，一切問題都會迎刃而解，但是說的容易做的難，以寓言世界爲例，一旦發現自己愛上的是蛇精或鬼魂，就算是發覺對方是「陰影」，可是他還是認不清事實，不僅如此，男性還會被自己的集合無意識分裂了人格面具，走向絕路。

有時是實情一直到結局都未被揭發，典型的例子即是《竹取物語》中出場的男士們。《竹取物語》的故事很長，内容大意是七個男子對竹生公主的求婚故事，公主對最後的勝利者說：「我要回月亮，無法答應你的求婚。」也許讀者們會有疑問，既是如此，爲什麼她不在一開始就說清楚？可是她就是一直將真相隱瞞到最後。

不但如此，她對他們接二連三地提出難題，而他們也爲了博得她的歡心而努力地解決她的要求，到頭來卻一個個地殞身致命。仔細想想，這位竹生公主真是典型的「强人所難」的女性，也就因此而使得每一個爲她效命的男子步上黃泉路。

如上述劇情，將女性的形象化身爲男人再怎麼努力也得不到她的青睞的是小野小町，根據歌謠「卒塔婆小町」之劇情，小野小町承諾一名叫深草少將的男子，只要他連續一百個深夜準時到她的住處，就願意助他完成心中的願望，深草少將之後便依言而行，想不到卻在第一百夜因心肌梗塞而死。

但是深草少將死不瞑目，於是就化身爲亡靈繼續糾纏小町。故事的結局是年老色衰、無人聞問的小町因不堪其擾，患了老人痴呆症而痛苦不已。

但是傳說中的小野小町是個無性器的女人，即使深草少將完成要求，仍舊無法以人道收尾，可是世上的男人卻不顧一切地想得到她。

據說有的男性看見特定的異性會有「勃起」現象，一旦發生這類情形，只要與對方雲雨一番，之後就什麼事都没了。可是依男人當時的判斷，總認爲使自己勃起之人除了她外，再也找不到第二人。

可能是因爲男性如此特殊的潛意識，就有些不懷好意的女生刻意以挑起兩個男人之爭鬥爲樂趣。

不過，身爲哺乳動物的雌性性別，女人之所以會有這樣的行爲也是可以理解的，因爲她們認爲自己有「擇偶行爲」的對象愈强壯愈符合理想。

理由有二：一、如此一來，他們才能有足夠的條件保護自己，二、她們想留下具有自己遺傳因子的强勢個體。就是基於這種想法，女性考驗男性的故事才會一再成爲民間故事或地方傳說的題材。

佛洛依德曾在《選小猴子之動機》中提及；希臘神話中亦有一名叫亞特蘭提斯（Atlantis）的女神，男士們明知道若跑輸她就會被殺，向她挑戰的人卻不曾減少。

後來有一名叫倍里狄斯的男子心生一計，他事先在賽路的必經路上放置一個艾非洛蒂特（Aphrodite）給他的金蘋果，倍里狄斯就利用她被金蘋果吸引的那一刹那獲得了勝利。在中世紀的騎士世界中，爲了向同一位貴婦人示愛，兩個騎士會騎上馬進行一番生死決鬥。

家中飼養的貓有時候也有相似的情形，若有兩隻雄貓爲了一隻雌貓而爭風吃醋，在格鬥後，雌貓原則上會找勝利的一方進行交配行爲。不過，人的情況卻複雜多了，同樣是兩個男人爲一名女人而爭鬥，獲勝的一方倒不一定會被女方接受，她可能會改選輸的那個人，或是雙雙放棄。

這是因爲女生覺得勝利的一方，不一定能夠滿足前述的兩項條件所致。

2

判讀戀愛策略的「心態定律」

男女心態定律——霸王硬上弓

只要能滿足自己自尊的男性女人便難以抗拒他的霸王硬上弓

●當女方覺得比男方佔優勢才會決定結婚
●女人在對方求愛時喜歡回答「不」，男人求愛時希望對方回答「是」
●獲得美女的首肯是男人畢生的夢想

◉結婚對象不好找的時代

從前要結婚，「媒人」的存在是不可或缺的，那時候的媒人並不像現在只要在結婚典禮上稍稍露臉的「速成介紹人」，她們所扮演的是如假包換的中間人，除了撮合婚約外，必要時也要向男女雙方採取主動、積極的幫助。

擔任這種角色的人大多是五十歲左右，子女皆已長大成人，各立門戶，所以有多餘的時間東家長西家短，因此被稱爲「媒人婆」。

但是這種人物在第二次大戰後卻看不到了，不論是男人或女人，結婚對象都變成由自己選擇。可是事實上，自從結婚對象改爲自由挑選後，問題竟然層出不窮，而且大部分的人也不知其因果關係。

問題來源之一，就是男女間接觸的方式不再具有以往相親的模式了。過去的男女見面、訂婚、結婚都有大概的禮數，但是在第二次大戰後，以前的程序因美國風俗大量傳入日本，被其推廣的「約會」所取代，而教導日本人的指導者就是美國電影。

雖然不如美國影片情結的熱情，可是日本在五〇～六〇年代也拍攝了極普通的男女、極普通的背景、極普通的戀情在超越重重難關後，步上紅毯的另一端的電影。

誇張的說，日本的電影扮演著「指導者」的角色，因爲日本人從來就不知道「戀愛」是什麼，而這些影片就教導他（她）們如何選擇符合崇尚民主主義的日本憲法精神的另一半。我們可以作一個比較趣味的比喩：美國電影是說明書，日本電影則是教科書。

像是黑澤明導演的「了不起的星期一」、今井正導演的「青色山脈」、「留待重逢日」及津安次郎導演的「宗方姊妹」都是屬於「教科書」的功用。

這些身爲「教科書」的影片中，必定出現描寫約會習慣的鏡頭，並且將約會的舞台設定在電影院、公園及咖啡屋等地。

不過最近的年輕人已經不太光臨咖啡屋、電影院這些場所，所以從前的約會地點在現在已經有了變化。雖然還有迪斯可之類的地方，但是那畢竟是遊樂之處，不見得是適合尋求終身伴侶的場合。

因此，以日本的現況而言，大部分的婚姻不得不走上辦公室戀情之途，如此一來，若服務在清一色是男性或女性的單位，想找另一半就更難上加難了，男性爲此真是傷透了腦筋，日本人的結婚年齡也因此而逐年攀升。

根據厚生省的調查，一九九一年的平均初婚年齡女性是二十五・九歲，男性是二十八・四歲；一九九三年時女性升爲二十六・一歲，男性還是二十八・四歲，比起十年前，大約上升了一歲。

雖然找玩伴俯首皆是，但是尋求結婚對象卻是難如登天的時代，這是前所未有的現象，在此情況下，日本最具影響力的大衆傳播媒體，尤其是電影，正扮演著極重要的角色。

由這些媒體所提供的尋找配偶方式中，最受歡迎的就是採用遊戲方式的「墜道紅鯨團」（類似「我愛紅娘」的節目），可是換個角度來看，這真是令人爲之氣結的現象，畢竟藉由「墜道」找到對象的人有限，結果婚姻仲介就成了新興行業，甚至最近還出版了專刊雜誌。

再說說女性的情況，她們一面控制者「Ashie」、「Meshie」、及「Mitsugu」三種男性（第一個與日文「腳」同音、第二、三個則分別與「飯」、「有求必應」同音，亦即利用他們來爲自己服務，提供車子、餐點及遊樂等物質享受），另一面再找符合自己生辰八字的結婚對象的情況非常普遍，這些都是結婚對象不易獲得所延伸出來的奇異現象。

關西地區的女學生自古就流傳著一句口頭禪：「情人同志社，保鏢立命館，配偶要京大。（同志社、立命館及京大「京都大學」都是學校名稱）」關東地區的流行語則是：「結婚須東大，男友要早稻田，玩伴找慶應。」兩者有異曲同工之妙。口氣雖然不含蓄，卻像漫畫情節一樣地成爲當時關東、關西學生的心聲表示。

戰後的日本，男女所交往的朋友與結婚對象不一定是同一人，可是在戰前，只要相過一次親，他（她）就是終身配偶。

的確，就算他是妳的男朋友又如何？又沒有人强迫一定得和他結婚，以此觀點而言，性愛與生殖被明顯區分了，但是更大的意義卻是比起古代，現在適合於邂逅自己理想對象的地點太少了。

尾崎紅葉的《金色夜叉》是明治文學的代表作品，故事中的女主角鳴澤宮與其夫婿富山唯繼是相識於定期在一月三日夜晚舉行的「紙牌遊戲聚會」。參加這種聚會的人大多屬於相同階級，特別是中上階級的人家，地點則選擇在某富豪之邸，是一種集團相親的聚會，不過這樣的局面現在已經不多見了。

在選擇結婚對象没有多大餘地的現在，從前長輩所傳授的「霸王硬上弓」到底有多少效果？如果欲擒故縱而採取冷淡的態度是不是可行？這對當事者，尤其是男性來說是非常困擾的問題。

關於「霸王硬上弓」的有效性，必須由兩個角度來探討，首先要看看是否符合雄性對雌性的求愛行爲原則，接著再考慮男女雙方的討價還價。

我們不妨將戀愛比喻成男女生各玩各的撲克牌，也可說是他們在進行討價還價的心理策略，其中含有很强烈的競賽成分。

◉滿足「自尊」最有效

在雙方都有競爭意識的情況下，「霸王硬上弓」之所以被認爲有效，主要是因爲男人向女人求婚的動作會讓女性有「我的身價高」的感覺。

就女性立場而言，將男性的求婚説成是能滿足這輩子自尊的唯一，也是最大的一次機會是不爲過的。像這種被對方强烈盼望要結婚，讓對方對自己有極高的評價，對大部分女人來說，一生只有一次的。

不論那一個人，眼見自己如此有自尊，就會感到不虛此生，這究竟是人類獨有的現象或者是其他哺乳類也有相同的情形則詳情不明。

但是聽說貓對人的奉承、恭維倒是很樂意接受，當你對牠說：「哇！好可愛的貓！」牠就會「喵！」的一聲投入你懷抱；如果改說：「這隻貓又醜又噁心！」牠就會生氣。

又聽說在以前貓會捉老鼠的時代，貓在捉到老鼠後一定會帶去給飼主看，等到飼主誇獎牠後，牠才會心滿意足地離開。連貓都需要自尊的滿足了，何況是人呢？

關於貓的故事，可能有點開玩笑的性質，但是滿足其自尊，就是將對方吸引向自己的一環，難怪有人說，面對女人，一要讚美，二要讚美，三還是要讚美，此外則無他法。

事實上，古今中外的文學，尤其是詩（日本稱爲和歌），是大多數男士們在對異性傳達讚美之辭時所選用的文體。

翻開「記紀」神話，映入眼中的是大國主命對櫛名田姬的讚賞：「啊！如此嬌媚的女子！」

在《萬葉集》的卷首亦有雄略天皇向一名少女表達求婚之意的詩歌：「摘菜的女孩，

報上名來吧！我乃堂堂一國之君！」

在那個時代，「報上名來」意謂著期盼對方能夠對自己的求婚之情有善意的回應，但在話語中天皇亦表示了「朕即天下」之意，這種誇耀身分、權勢之方式，換到現代，就是說「我擁有三高」的意思。

被求愛的女人，原則上第一次要說「不」，這可能是因爲如果一開始就接受，未免太不含蓄了。但是在「是」與「不」間的標準很難界定，同樣是回答「不」，平安時代的女人對於傳達語意的些微差，異卻是傷透了腦筋。

◉以心理策略建立戀愛

到了平安時代，男人也開始運用外交手腕，他們驅使任何語彙，詠出「我對妳如此多情，想不到妳卻對我如此冷漠」的苦嘆。結果女孩子一開始會回應的內容是「你這不是在挖苦我嗎？你身旁的女子如此多，個個好上我千百倍」之類的詩歌。

之後，男士們又再回覆：「我對妳的愛可比日月，妳忍心棄我於不顧嗎？」此時女孩子會回吟：「你是真的嗎？我能夠相信你嗎？」

一旦擄獲女人的芳心，男人的態度立刻就會有一百八十度的轉變，顯示了「上鉤之魚不餵餌」的心態，這個時候女孩子就會送上一首歌：「你爲何對我不聞不問，我真是痛不欲生！」

《源氏物語》的全部詩歌都是描寫這一類的情節，《和泉式部日記》及《紫式部日記》也不例外，差只差有紫式部比較消極，和泉式部積極多了。

和泉式部是一個熱情洋溢的女性，她吟過一首詩：「當我沈思時，池沼中的螢火蟲是我化身的瞑想之玉。」和泉式部也在書的前言説過一句話：「被男人捨棄時，就去參拜貴船神社吧！」

貴船神社中有專職的巫女，據説可以喚回男性的愛，習慣上女人要朝著男友所居之處寬衣解帶，誠心地向神祈禱，和泉式部也曾有過這種經驗。

或許有些離題，但是她的歌與森進一的暢銷曲「北之螢」非常相似，作詞者阿久悠必定看過她的作品，才創作了「北之螢」這首歌。由此可見，現代日本人的心中仍傳承著與《源氏物語》、《和泉式部日記》一脈相通的情感，所以流行歌曲的意涵是不可等閒視之的。

另一方面，清少納言則拒絕了許多仰慕者，例如，在《百人一首（詩集）》中有一段記載清少納言的歌：「雞鳴狗盜之事在深夜中尚有可行之理，你若想見我就免談！」這段內容是根據中國春秋戰國時代的名士之一的孟嘗君之故事而衍生出來的。

當時有一位男子夜訪她所居之處，清少納言對那名敲門的男子說：「你這麼晚來找我，即使敲破了手，我也不會替你開門的。」但是據傳聞而言，清少納言是位醜女，只要稍一露面，渾身就會不自在，因此才避不見面。

記載紫式部拒絕的詩歌也不少，例如，有個男子曾在愴然而返後寄給她一句話：「相見頃刻間，雲藏月半夜。」意思是我好不容易見到了妳，妳卻一轉眼就消失了。

其實一般男人一旦征服了對方，從前的熱度就會消失無蹤，再也不會跟前跟後。因此爲了防備這種情形，以退爲進是非常有效的方法，如此一來，男女間的戀愛倒有點像撲克牌遊戲。

《源氏物語》的作者紫式部可說是天才女作家，放眼世界，沒有一部小說能夠如此細膩地描寫男女心理。《源氏物語》之所以能被譯成多國語言，廣泛流傳，大概就是基於此因。而E·G·賽登斯特加及A·威利都特別翻譯出這一部分。

閱讀了《源氏物語》就可以了解戀愛是心理戰術，而且「霸王硬上弓」是强烈的求愛方式，能夠有效地刺激女性自尊。

◉戀愛的討價還價是女人使用高級技巧的理由

在《源氏物語》中完整地掌握了脆弱女人心的描寫，主要是說，當女人在對方表現求愛銳不可擋的氣勢後，有時難免會屈服於其下。即使對方是自己不喜歡的人，仍然會答應他的要求，尤其是女性最難抗拒推銷員的强迫推銷。

如此看來，早在五千年，甚至一萬年以前的太古時代，人類之所以成爲人類的記憶以來，女性腦中即輸入了「答應强烈求愛之男子可以獲得幸福」的意識。

仔細想想，推銷員與顧客間亦有濃厚的「討價還價」模式，例如，眼見推銷員如此鍥而不舍，一而再，再而三地打電話來推銷，心裡就會產生「他可能想要推銷瑕疵商品」的念頭。

因此，聰明的推銷員若是眼見對方遲遲不肯決定，就會改口氣說：「好吧！今天就談到這兒了，有別的顧客也打電話來問價格，我要處理一下。」結果這位被甩開的客人反而會主動再和推銷員聯絡，這就是「討價還價」。

所以，當男性向你遊說時，回答「不」比回答「是」要有效多了，因爲，在男性的世界上，他們把讓對方說出「是」這個字當成努力的目標。

在這種情況下，女性必須一再地提出各種條件，因爲經過這道手續再答應男性的要求會比較有利。

男人在結婚之外，仍然有許多可以決定幸福的本錢，但是換了女人，至少在過去，她們所具備的條件並不多。

女性在戀愛這項遊戲中，往往會使用高度的技巧，以獲取比較優勢的地位，因爲我們是活在因性別角色而決定地位的社會，再說這種一生一次的交易所獲得有利條件多寡，就決定了自己一生的幸福。

只是，有的女人會被薄情男子所騙，有的女人則像《源氏物語》中的花散里及末摘花，雖然没有驚人之姿，卻在多金的美男子保護下過著幸福的生活。

不過，如果討價還價過度，一味地說「不」，到最後可能就以「不」收場，遇到這樣的情況，自己難免會覺得惋惜，也就因爲這一點，讓人覺得戀愛的分寸很難拿捏。

再說說「霸王硬上弓」這種方法，如果不斷反覆的使用這一招，有時候會令對方懷疑你是不是在推銷「不良產品」。

因爲在討價還價中成功的「變數」太大了，所以無法提出一個簡單的判斷方式，但是如果自己是不懂得掌握分寸的人，說不定暫時使用「霸王硬上弓」這一招會比較妥當。

以霸王硬上弓所獲得的伴侶，其心理上較有優越感，在共築家庭後，在構築家庭地位的排名時，常常會出現麻煩的情形。

有的男性會有這樣的觀念，當你對她愛理不理時，她就自動投懷送抱。可見男性雖然表面上態度冷淡，潛意識中卻希望能獲得對方。相反的，女性會像絲魚一樣，以虛情假意的方式周旋在男人身邊，再將局面扭轉成對自己有利的一面——這才是戀愛的本質。

◉男性迫不及待地想將女性的「不」改為「是」

在男女雙方來往的過程中，最近常發生在男性身上的狀況，就是將女性的回答誤認爲「是」，於是便要霸王硬上弓，採取性行動。

的確，以「强姦」定罪的，大概也只人類。基本上來說，動物的交配其實是與强姦無異，不過牠們仍有約法三章，在雄性求愛時，雌性有個特定的動作以表示意願，雄性在看見對方有此動作時才可進行交配行爲。

就恒溫動物的情形來說，一般少有征服完全不肯之異性的情況，因爲雌性原則上握有最終的拒絕權，奪取拒絕權是有罪的。

關於這一點，男女雙方都不可大意，雖然說「『我不要』代表我喜歡你」，但是這始終是策略上討價還價的用語，絕不表示可以強姦對方，因爲女人是不會希望別人强暴自己的。

從表面來看，女性之所以會說「我不要」，主要是因爲如果在一開始就允首答應，未免太不含蓄了。就行爲學而言，所有的雌性動物都會搪塞雄性的挑逗，不過有時候雌性也會採取主動，完成誘導對方之形式。

的確，關於脊椎動物之性行爲，大多是雄性征服雌性，因爲男生基本上也是那樣的動物，甚至還有「男人個個是色狼」的說法。

它是英文歌詞「A guy is the guy where he may be.」之翻譯，正確之意是「牛牽到北京還是牛」，更深的含義就是「男人個個是色狼」。

因爲不論是那一種男性，都想以征服者的姿態獲得女性，所以才說「男人個個是色狼」，而且這也是考慮擇偶行爲的問題。

還有一個誤解是這樣的：

因爲戀愛是男女之間的討價還價，再者，這類的經驗一生沒有幾次，所以雙方都會花招百出，使盡辦法籠絡對方，當此之時，若是輕易答應對方的要求，等於是廉售自己，對將來兩人的關係會有不利的影響。

此外，不分男女，都有此共通點，他（她）們有時候也會猶豫不決，因爲一旦下了決定，是不是就等於拋棄了其他選擇？即使在交往過程中一帆風順，這樣的念頭仍會不時浮現。

因此，當一個男人像夾心麵包般地被兩個女人夾在中間，竟然做出令人意外的決定：一個是相貌平平、個性又差的女孩，一個是美麗又溫柔的女子，他卻選了前者！

男人本來就有這種毛病，如果對方不願意，他非想盡辦法使她點頭不可。只是現代日本的男性已經不同於平安時代的男性，他們不敢在對方說「願意」，使自己的自尊心獲得滿足後就棄之如敝屣。

又美又溫柔的女性是很難令其輕易答應的，不過貌不驚人，脾氣不好的女生卻可能隨時會點頭，因此男人就想先以美女爲進攻目標，醜女留著當備胎，結果目標尚未達成，備胎就急著要「正名」，男方在迫於壓力下就只好選擇了她，所以醜女當備胎只是一種錯覺。

在今日的日本社會，一旦對方說出「願意」，就是言出必行，對於這種社會約束力（女方答應，男方就必須接受），有許多男人不太有警覺心，所以往往會在不是十分願意的情況下接受了對方。

男女心態定律——嫉妒

女人的嫉妒由「愛」而生
男人的嫉妒因「排名」而來

●女人的嫉妒起於想獨佔對方
●女人的嫉妒帶有愛情成分，男人的嫉妒卻只想讓對方臣服其下
●女人的嫉妒心重是生男育女的本能所引發的

◉為什麼女人愛吃醋？

前面提過，男人喜歡追求躲避自己的女人，女人也有這種情況嗎？答案是肯定的。

例如：某位男士在對一位異性窮追猛攻後終於得到她的首肯，與之發生了超友誼關係後，他就從此避不見面，女人除了懷恨在心外，也有可能採取積極的追求行動，而且可能因爲太過憤怒而有瘋狂的舉止。

諸如此類的女性，自古就是衆多文學作品描寫的主角，在日本能（戲劇的一種）「花筐」等瘋狂的戀慕行爲，很多就是這種作品。

「花筐」的內容是敘述繼體天皇即位前在越前國(今日本福井縣)認識了一名女子，當兩人發生關係後，他告訴她來日再相逢，於是就起程回京都，並且登基爲天皇，因爲繼體天皇已經忘了那項承諾，所以沒有與她連絡，那位女孩卻因思念過深而發狂，而且還一路追到了京都。以客觀的立場來說，苦苦地追求一位冷酷的男人，到最後又有什麼用?但是現實生活中，這類的女性卻一天也沒有減少過。

此外，安珍(和尚)與清姬的故事亦是如此，清姬與安珍並未發生關係，可是她卻愛上了他，而且鍥而不舍地追求他。

說起故事的來龍去脈，只不過是安珍在一次巡禮的途中借宿在清姬家中，當時清姬的父親開玩笑地說:「妳嫁給那位和尚如何?」

有了這個前提，清姬就對安珍說:「我一直將你當成是自己的夫婿，我們應當行周公之禮才是。」安珍聽了大吃一驚，只得落荒而逃，想不到清姬竟化爲蛇身，在後面苦苦追趕。

這些故事主要是說:女性一旦認定對方是自己的伴侶，就不願意他投入其他女人的懷抱。

只是女性的背景與男性並不相同，原因之一可能是與女性在社會上所扮演的角色有關。

一般而言，女人在生下孩子後便會築巢育子，但是這項工作單靠女性是無法完成的，必須借助男人的庇護才行，所以必須留住男性協助自己。

再說女人有定居性，男人卻有移動性，因爲男人要出外狩獵、騎馬遊牧或者是爲國出征，相反的，女人爲了撫養小孩，必須留在家中，而且要充當農耕及漁撈的幫手，有空還得紡紗織布，所以要有固定的居處。

但是以自然狀態來思考男女關係，男性四海爲家，到處留種的方式，能夠使遺傳因子（DNA）的傳承情況更上層樓。

相較之下，女人若想留下自己的遺傳因子，唯一的辦法就是懷孕，但是由懷孕到生產的日子非常長，所以女性留下遺傳因子的效率不高，因此無論如何都要留住一個男人在身邊。

女人之所以會有殺男人的動機，大多是起於想獨佔他的心態。但是真正遇到這種情況，她對會把敵意轉而注入於自己男朋友所交往的異性身上。雖然就一般的觀點是應該殺死背叛自己的男性才對，但是女人通常不這麼想。

在小泉八雲的作品《鈴》中，有一段劇情是小泉之妻向他提起一則日本之鬼故事，內容是一位妻子在病死前要丈夫承諾不會再婚，但是在她死後，丈夫仍然續絃，她就化身爲亡靈，並將那位繼室殺害。聽完故事後小泉就說：「太不合理了，爲什麼不殺死丈夫呢？」小泉之妻便回答說：「那是你們男人的想法，女人的思考模式和你們是不一樣的！」

在依照性別畫分工作的時代，男性外出的機會多，像是狩獵、征戰、出海捕魚等，一旦到了目的地，他們就會在當地尋求女性，留下下一代。

另一方面，外出機會少的女人就住在家中，等到男人回來撫養她們母子。但是女生會擔心：萬一男人另結新歡，不願再養活妻小，將來就得餓肚子了。

有了如此的恐懼，女性嫉妒心重也就可以理解了。不過，男性也有嫉妒心重的時候，他們的嫉妒心理是源於想把對方納爲自己的禁臠。

印度有一種哈蒙藍克爾猴，公猴一旦與已育有小猴的母猴有了交配行爲，牠就會立刻將母猴帶來的拖油瓶殺死，原因是牠希望母猴能夠生下有自己遺傳因子的小猴，而且只留下自己的種。

男性的嫉妒心就是如此，他不願意自己的女人留下他人的遺傳因子，這種任性自私的心理與哈蒙藍克爾猴的心態相差無幾。

◉男人嫉妒的目的是要把別人踩在腳下

常聽說女人嫉妒心重，其實男人的嫉妒心也不輕。「嫉妒」的意義其實可分爲兩種。世界上沒有一種比男人嫉妒更難處理的事了，的確，男人的吃醋與女人完全不同，例如十九世紀的德國哲學家F·W·尼采曾使用「施虐快感」，亦即「幸災樂禍」之意來表示，所以「男人的嫉妒」更會給人城府深的感覺。

在此要對男女嫉妒之差異稍加說明：

「嫉妒」有兩種對象，一個是「排名制」，另一個是「勢力範圍」，後者亦是「獨占慾」的一環。女人的「吃醋」一般是屬於後者，男人則多爲前者，也因此男人才有無可救藥的一面。

站在「排名制」的立場，因爲對方無論在任何方面都比自己佔優勢，所以不得不承認，但是又無法還擊，因此才要想辦法暗示對方：你與我同等，或是你不如我。

在排名制的嫉妒就如同情緒激動的大雞追逐小雞或是大猴爭權之情形，令人不忍觀看。

當然也不能說女性沒有這一面，像是後宮嬪妃間的明爭暗鬥就是這類。在工作場合中雖然不會被搶走情人，但是因爲對方比自己年輕，所以便對她百般虐待，這顯然是排名制之爭奪戰，這類的女生只不過是比較受到男上司或同事的青睞，卻惹得其他女性眼紅生氣。

男性的排名（當然是指舊型上班族間的一般現象）也可以以女性方面的簡單因素成立，而且他們所競賽的項目還包括工作能力、運動能力、學業成績及社會地位等。一旦某個人因工作能幹、口若懸河，大家都認爲下一任課長非他莫屬時，那些與他同期進入公司，卻升職無望的男同事，雖然口中推崇他是「不作第二人選」、「非他不可」，暗地裡卻向經理打小報告：「其實那傢伙已經收買了本課的女職員，天天上旅館開房間」、「後來珠胎暗結就去墮胎」，說些不堪入耳的話，極盡毀謗之能事。

因爲知道公平競爭毫無勝算，所以只要能將對手拉下台便全力以赴，這就是「男人的嫉妒」。

而「男人的嫉妒」之所以無可救藥，問題就在於男人根本不會發現自己在嫉妒。因爲女人的吃醋是起因於「獨佔慾」，其中仍然含有愛情的成分，尚不至於無可挽救，可是男人的情況就不是如此了，因爲他爭奪的是名利地位，只有將對手打下台，心中才會愉快。當然，女強人在爭取排名的模式也以此爲主。

如果光明正大地爭排名還有話說，但是即使已經在實際的爭奪戰中落敗，卻依然不肯面對結果，如此就更增加無可救藥的程度了。

相較之下，「女人的嫉妒」算是勢力範圍的爭奪，她們的心態是基於想在同一勢力範圍中確保自己的巢。

女性對男性的獨佔慾强，原因在於這是一個男性佔優勢的社會，也就是主要收入是靠男性的社會，萬一兩人的關係有了裂縫，就會立即影響到自身的生存，自己能否繼續活下去，必須以察看男人是否有按時回家及自己會不會被趕出現在的家而定。當然這也與自己性的欲求不滿感有關，不過，根本之因仍是爲了生存。

日本從室町時至近代初期有打後妻的習慣，內容是萬一男人娶了後妻，將前妻趕出門時，前妻被公開允許可以聚合親密的同性襲擊後妻的家，除了拳打腳踢外，還可以搶奪家產，這大概是因爲怕被掃地出門的前妻有生活窮困，無路可走之虞。

可是卻沒有打後妻的真正例子，或許是因爲沒有具有實行此事的能力吧！當此之時，她的嫉妒心就與先前所說的男性的怨氣一樣，徒然留下向對方施虐的憤怒罷了，像是在丑時參拜神社（詛咒）就是典型例子。

男女心態定律——性愛

男人以陰莖做愛 女人以頭腦做愛

●男人的性慾以陰莖始也以陰莖終
●男人的高潮只是一瞬間，女人卻是持續的

◉女性的左右大腦並未分化

當女性雜誌在編輯「男人性愛一百題」或「解析男人的性愛之謎」之類的專刊時，一定會刊載「為什麼男人在做愛完畢後就呼呼大睡，想要和他談談心都不理人？」的疑問。

雖然回答的方式有很多種，但是最容易理解的解釋應該是「兩性大腦結構不同」。

男性與女性的大腦結構到底有何不同呢？

例如，常有人說男生理科較出色，女生文科較拿手，而且這樣的說法幾乎已經成為定論，不過我一直在思考它的真實性。

諾貝爾獎的得獎者腦病理學家施佩里，爲了治療麻瘋病，曾經做過有關人類左右腦機能差異的調查研究，結果發現男性左右腦的機能分化比女性清楚，相反的，女性的分化就沒有那麼明顯了。

大家都知道人類的腦部可分爲左右邊，通常左腦是掌司閱讀、寫字、理解言語的語言機能，並且掌挖理論、邏輯性的思考及計算機能，因此一個右撇子如果因爲腦出血或腦梗塞而使左腦有了障礙，便會得失語症或是語言不自由之病。

另一方面，右腦掌管真覺性、綜合性的思考機能，並且管理音樂、藝術、情緒方面的感情及認知物體外形的機能。

腦細胞在人體細胞中爲數不多，而且是不會再生的細胞，所以大多數的人都以爲腦部一旦受傷，語言機能就無法復原了，事實上，只要經過適當的復健手續，仍然可以恢復到相當程度。

考慮到這種可能性，我們猜想可能是腦部的其他部分扮演修補左腦原有功能的角色。有趣的是女性患了失語症的恢復速度被認爲比較快，也就是說因爲女性的左右腦分化情形不如男性明顯，因此在得了失語症時可以有效彌補左腦的機能。

具體而言，女性因爲連結左右腦的部分（稱爲腦梁）的纖維比男性發達，所以左右腦的機能平衡情況較佳。

右腦掌司的語言機能比較屬於了解日常生活中的單字、片語、古諺，以及伴隨而來的感情動作，因此女生在學校課業中以國語最拿手。

至於認爲男生比女生好的空間認知機能是指掌握物體外形、方向感或立體認識事物之能力，男生在這一方面是佔了壓倒性的優勢。

這種情況在學習數學及幾何時表現最爲明顯，就女生而言，即使她是數一數二的高材生，幾何也大多不拿手，若是不擅長幾何，物理也會有連帶影響，結果難免有了「女生長於文科，男生優於理科」的說法。

威庫斯拉在成人智能檢查修正版（WAIS—R）的結果中發現：女性以語言性的IQ高，男性則是運動性的IQ高。

我們可以將這個結果歸因爲男生的右腦比女生發達，他們的空間認知能力之所以比較高，可能是因爲男性自古就要負起狩獵、戰鬥的責任，在從事這類工作時，如果對空間的認知不佳，成果就會隨之降低，因爲這與他們的生存條件息息相關，所以逼得男人們不得不時時刻刻練習。

不單是空間認知能力，一般而言，男性的運動神經也比較傑出，因爲與敵人交戰除了要有魁梧的體格外，靈活的身手也是不可少的。

換了女性的情形，其生存的根本條件在於情緒性的人際關係。不分古今中外，女人是擅長社交而饒舌的，這一點與前面所說的威庫斯拉的成人智能檢查修正版的結果頗爲符合。

當然，並非所有的女性都擅長社交，也不是所有的男性都不擅長社交，只是因爲社會的狀況顯示出男人因爲要外出工作，必須具備準確的判斷能力，所以才有男性優於理科，女性長於文科的畫分。

不過目前的文理分化已經不再那麼明顯了，例如，在蘇聯或美國的大學醫學系，女學生的比例佔了一半以上，而且根據日本最近的統計，國立大學醫學系的女生也有三成左右。

雖然没有明確的證據解釋男女的腦部構造爲何產生差異，但是如前所述，它對社會適應的影響是不可忽視的。

◉女性的性興奮是持續的

那麼，男女腦部機能的差異在性行爲中以何種方式出現呢？

性愛及戀愛並不是由大腦皮質管理，因爲大腦皮質沒有直接感知性荷爾蒙的細胞，所以一切改由間腦或腦下垂體掌控，而且與大腦邊緣系的機能有關，當然性愛及戀愛也與荷爾蒙的活動有很大的影響，這一類的女性因此會比較敏感、活潑。

由此可見，長久以來大部份人所認爲的「女人無性慾」、「女人的性愛只是爲了替男人生育子女」及「女人有性慾是不登大雅之堂」的說法完全是無稽之談。

著名的「莫斯塔報告」曾指出女性亦有性器勃起的情形，又說性慾高昂絕不是男人獨有的專利，女性亦有這樣的感覺。其實倒不如說因爲性荷爾蒙的影響，女性比男性更平靜，但持續性更强。

女性荷爾蒙的影響力比男性荷爾蒙大，這一點可以從女性有月經而得到證明，而且在性行爲中表現出更顯著的差異。

男性的性興奮以性器勃起爲重要的表徵，它是一種直接的、局部的狀態；女性的性興奮則是以分泌性荷爾蒙等全體自律神經及全部體況的反應來表現。

事實上，女性在性高潮時會有乳頭硬挺、顏色加深，全身肌膚變得更敏感，溼潤度增加等現象，這些都是男性身上看不到的。

再者，男性的高潮以射精方式表示，在短短的幾秒鐘獲得滿足後就結束了，而且射精一旦結束，男性的性慾就開始衰退了。

相反的，女性的高潮是持續的，興奮的時間從性荷爾蒙開始分泌後一直到高潮時達到頂峰，然後再逐漸衰退。

即使是一對濃情蜜意的情侶，男人一旦辦完了「事」，就會開始覺得不耐煩，這是很正常的現象，但是看在女人眼裡就大失所望，因爲女性把與男人合體後的枕邊細語視爲戀愛的神髓。

這樣的情況以男性的腦部機能是局部性的，女性的腦部機能是全體性的結構來說是極其當然的。

而且這樣的不同所造成的差異也不只限於性態度，在戀愛時也有明顯的表現。

例如，男性在向女性遊說的階段時會很熱心、積極，一旦說服成功，雙方發生了關係後，就會覺得她索然無味。

諸如此類的男女相異行爲，從《萬葉集》及古希臘神話以來一直延續至今。

男性一開始眼見對方不肯身心相許，便會死守目標窮追猛攻，彷彿這世界只剩她一人，一旦兩人有了性關係，男方從此就避不見面，女性除了埋怨之外，就是訴苦了。

不過，最近男女地位關係逐漸有了變化，女性在社會的地位也慢慢昇高，所以男性若誤以爲女性在性態度上都採取被動姿態，或是認爲她只等他一人，他可能就會被女人一腳踢開。

山口百惠所唱的「Play Back Part Ⅱ」中有一段歌詞是：「花心的男人，是誰告訴你可以到處留情，聰明的女人不會再爲你虛度青春。」這可能才是現代女性的心聲，男性要有「人生百態，變化萬千」的新認識。

男女心態定律——性的訴求

爲了吸引異性
男人重視陰莖長短；女人求助美容沙龍

●太在乎陰莖尺寸的男人缺乏自信
●女人之所以上美容沙龍是為了使自己更有魅力

◉愈以「它」是問的男人愈……

在男人的人生百態中，有不少人相當在意自己的「尺寸」，對身高不高有自卑感，便希望藉著留鬍子來增加成熟感，或者上健身房練肌肉、到日晒沙龍將皮膚晒得黝黑，以顯示體格健美、身材魁梧。

這與女人化妝、上美容沙龍、美容院及趕時髦的理由是相同的。

先說結論，他（她）們之所以這麼做，是希望儘量具備吸引異性的魅力，完成「求擇行爲」，而且這也是由遺傳因子下達指示，命令他（她）們去引誘異性。

人類除了肉體之外，還要再加上服裝的因素，因此吸引異性的方式不盡相同，但是一般的原則仍是强調自己的「男人味」或「女人味」。

中世紀歐洲的男性有股袋（裝生殖器），而古代原始民族也在赤裸裸的下身吊一個裝生殖器的袋子，兩者的目的都是希望以這樣的方式來誇大自己的陰莖尺寸，用以表示自己「性」優位個體，也就是想藉由如此的行爲來獲得女性的交配意願。

留鬍子的目的與女性的乳房同義，爲的是希望以此透露自己是富有魅力的男性。

提到鬍子，江户時代的武士並不被允許留鬍子，只有城主才具有這項權力，如此做法的用意，不外乎是使武士自覺他不再是從前的戰鬥者，而是主君的忠實僕役，不希望他有男性的自我主張。從相反的角度來看，城主之所以留鬍子，亦是優位個體的象徵。

以這樣的觀點來看，在乎陰莖長短或想蓄留鬍子，不過都是對自己的男人味缺乏信心。

◉不論男女，心中都藏有另一性的意識

經由生物學的觀察，男人體內並非完全無女性荷爾蒙的存在，女性的體內也非完全没有男性荷爾蒙，因此，不是男性才有男人味，也不是只有女性才有女人味。

精神科醫師C·G·容格站在分析心理學的立場，雖然平常都隱身不現，但是男性心中的「anima」即是屬於女人味的部分，夢中不斷出現的女性就是其「anima」，如果在夢中看見自己變成女生或是結婚，這就是「anima」出現了。

女性的情形亦是如此，她們的「animus」即是男人味之屬。容格認爲現代是煽動男性心中的「anima」及女性心中「animus」的時代。

容格的學說認爲，無論是「anima」或是「animus」，兩者皆以集團無意識的方式沈睡在內心深處，這些意識都是與生俱來的，只不過是爲了要適應社會才將其暫時壓抑著。壓抑它的原因是因爲在社會概念中，男人必須有男人味，女人則要有女人味。容格將人類的這種心理以希臘古典悲劇中出現的用語稱爲「persona（人格面具）」，這個字並且成爲英文中personality的語源。

容格認爲每個人都帶著面具來適應社會，但是不論一個男人再怎麼有男人味，一個女人再怎麼有女人味，在他、她們的心中仍有anima及animus。

容格覺得一個人如果太過於壓抑它，在精神上來說是不健康的，他主張persona有時會在夢中出現，有時則以精神病的方式表現出來，此外，當「男人味」、「女人味」的規範鬆弛或是此類的社會壓抑喪失時，persona也可能會顯現。

像這樣的社會壓抑愈是在先進國家愈會因爲價值觀的多樣化而漸漸喪失，顯而易見的例子，有達斯汀霍夫飾演的「窈窕淑男」及阿諾史瓦辛格演出的「魔鬼二世」，可見在美國社會中，男性心中的anima 已經被煽動了。在此男女角色對換之時，美國社會可說是一個積極進行思考實驗的社會。

以女性的立場而言，從前的珍芳達、拉寇兒薇芝，以迄於最近的沙朗史東，個個都以女英雄姿態活躍在美國電影中。

◉「優位個體」的標準隨時代而改變

雖然在現實社會中尚不致於有極端的變化，不過該有的變化也已經開始産生了。

例如：現今的美國早已變成胖子在公司熬不出頭的社會，而且更嚴格地要求必須削瘦而結實，這樣的風氣也飄洋過海地來到日本。

從前的日本是以營養充足爲貴族階級的特徵，同時也是在社會上表示優位個體的象徵，從高松塚古墳出土的美女圖及平安時代的「源氏物語繪卷」中所畫的女人，她們的臉孔胖嘟嘟，五官也不突出，嚴格說來比較接近「醜女」，如果以今日的標準來看，絕對不是美女，可是在那個時候，又白又胖是美女的必備條件。

另一方面，歐美各國在十九至二十世紀初葉這段期間中，勞工運動海報的典型圖樣是一個身穿三件式西裝、身材胖肥、面露威嚴的資本家，被瘦小結實的勞工以釘鎚敲打。由此可知，肥胖是當時「優位個體」的條件。

但是演變至今，「胖」不再是一個經營者或權勢者應有的德性。在南太平洋的東加王國，過去是以身材肥胖才被認爲具有擔任國王的資格，可是到了最近，國王自己也開始節食，這麼做都是爲了因應國際社會的價值觀的變化，由此不難發現，社會急遽的變化也促使元首的條件有了改變。

在先進國家的美國——日本亦逐漸有此傾向——膚色黝黑、削瘦正是權勢者、經營者等社會上流階層人士的象徵，這也表示他們撥得出時間從事户外活動，而能把時間用在户外活動的人，亦即代表了他們有充裕的經濟能力。

如此一來，人人都希望能成爲削瘦、黝黑、肌肉發達的優位個體。

可是如果說所有的美國人都盼望經由運動、節食、日光浴，而成爲清癯之人倒也不盡然，因爲如果到了美國的地方都市，你會發現當地的胖子要比日本多多了。

走在街上，處處可見左手捧著塞滿爆米花的大紙杯，右手拿著火炬般的冰淇淋的大人們；如果搭乘美國國內班機，你會聞到飄盪滿室的香草味及牛奶糖味，機艙內多的是琳琅滿目的甜食，日本的乘客難免就會產生「爲什麼美國人愛吃甜食」的疑問。

雖然嗜吃甜食，美國人卻與蔗糖畫清界限，原因不外乎是他們了解如果任由甜食氾濫，到頭來只會得到一命嗚呼的下場。

姑且不論那些現象，目前美國一般平民的膚色更白、身材更胖，反而是那些社會支配階級（Establishment）都是又黑又瘦的外形，因而產生了與以前截然不同的現象。

拜此現象所賜，因爲過於勉强節食而得到厭食症的人急速增加，他們既節制飲食、增加運動，如此熱衷地埋首其中，無非是爲了希望能具備支配階級常有的外貌，期盼在求偶行動中能夠站在有利的位置上。

美國是以開拓爲主要文化，因此魁梧、野性的比比皆是，這一類的人因而更有領導者的意識。在總統大選中民主黨的候選人之所以常敗給共和黨之原因既在此，因爲共和黨的候選人具有狂放不羈的氣質，而且雄糾糾、氣昂昂的人佔了絕大多數，另一方面，民主黨候選人以知識階級的人材爲多，雖然亦是上上之選，不過總是給人娘娘腔的印象。

拙著《人爲什麼犯罪?》（濱野出版社出版）中曾詳述犯罪之因，經由犯罪生物學的調查發現，在暴力犯罪者中以肌肉型的人佔多數，可見攻擊性與肌肉型的體格間有一定的關係。

因此，社會的支配階級都是以肌肉型的男人爲價值標準，若是女人有意在這個階層中佔有一席之地，第一個步驟便是鍛鍊身體。

仔細一想，雖然這些女强人口口聲聲反對性別歧視，自己卻又在不知不覺中捲入在男性佔優勢的社會中所形成的價值觀，這可說是一種有趣的現象，因爲不論女人如何鍛鍊肌肉，事實上也毫無實用的意義，充其量是成爲職業摔角手及女運動員罷了。

◉曖昧不清的男人味及女人味

在從前的男性優勢社會中，工作是因性別而分的，在這種角色分擔的觀念中，女性侵入男性的領域是絕對不被允許的。

像是採礦及築路等肉體勞動的工作，就將女性排除在外。

目前仍然保有這樣的觀念，但是限制已經逐漸被打破，最近的女性不斷向被視爲是男性職業的砂石車司機、長途貨運司機等工作進軍，如此看來，現代的社會更具有包容性了，只要妳有心，男人們也只能悉聽尊便。

結果女性就毫不客氣地進來了，不過這樣的價值觀仍然處於過渡時期，換言之，他們對優位個體的評判標準，仍是以健壯、魁梧及四肢發達爲主。

的確，小孩子常常會想：「當大人真好，我也要快快長大！」女人亦是如此，雖然不説出來，心中卻總是認爲這社會的好處都被男人奪走了。像是《土佐日記》的開頭就有一段話説：「雖然我是女生，但是我要試著寫男生才能寫的日記（當時的女人不識字）。」

現在的女性常跑健身房，男性也憧憬認識健康有力的女性，如前所述，因爲強壯的女人生下健康的子女的機會較高，對遺傳因子的生存較有利，所以男人都盼望能夠娶到活力充沛的女性。

不過，女性的健康卻與引起男人保護慾的心情產生了矛盾之處。

溫柔女子比健康女性更具吸引力的時代只到平安時代爲止，從平安時代的末期起，男人開始認爲女人還是健康的好，所以在源、平兩家相爭的時代，女性也都有了十八般武藝。

即使到了以男性爲優勢的價值觀爲主流的現代，女性身體的健康仍然有其價值，雖然並非十分實用，不過還是具有象徵的意義。眼見女生參與有氧運動、舉重、摔角等活動幾乎都與男性不分軒輊，男人味與女人味的限界已經曖昧不清。

◉女人討厭當母親，男人卻追求母親型的庇護

話雖如此，但是男性心目中的理想女性體形及女性自己認爲標準的體形，卻相差十萬八千里，女性自身要求的理想體形遠比男性所求的要苗條多了，既然男人不苛求，女人追求苗條的心態也應該適可而止。

男女的標準之所以不同，可能是因爲在男性的心中會留下對自己最溫柔的母親的意象，也就是授乳期的母親之意象，所以男人一直在追求具有母親般豐滿體形的女性。

不過女性的想法就不一樣了，因爲母親常是自己的情敵，所以有不少的女性對母親有潛在的厭惡感，亦即在她們的內心深處存有不要成爲像母親那樣的女性的念頭。

尤其是青春期的女孩子，有一段時期會對自己有女性的身體而感到厭惡，此外還會對自己性方面的成熟，覺得恐懼及不滿。

女性之所以比男性對自己性的存在有更强烈的憎惡，主要原因是因爲第一次月經來臨時所帶來的衝擊，雖然依據日本的習俗，在女兒初潮來臨時要煮紅豆飯慶祝，但是對她本人來説卻是極大的震撼。

在樋口一葉的作品《比身高》中以女主角美登利的初潮經驗爲轉捩點，使她從昔日的

活潑開朗、好打抱不平的性格，一變而爲內向、沈默寡言的女孩子。

這是因爲初潮的來臨代表性的存在，在這個性別差異與社會地位直接相關的社會中，性的存在就代表是男人的附屬品。

日本在明治至大正的這段期間，文壇上數一數二的作家齊藤綠雨，她的作品中的人物，說的好聽是妻子，其實不過是個賣春女子，她是以出賣靈肉爲賺錢目的，結果這本雜誌就是因爲這篇作品而成了禁書。

另一個女性不能胖的原因是古代的飲食乏善可陳，想胖也無從胖起。不過在現代就不同了，現在的人要吃什麼就有什麼，如果不加節制，身材就會變胖，再說以前的女性也必須下田從事勞動工作，反觀時下的女性卻沒這種機會，若是想保持身材，就只有勤加減肥一途了。

男女心態定律——女人心

女爲悅己者容

●男人因工作而光輝，女人因戀愛而燦爛
●女人一旦墜入情網就成了荷爾蒙的奴隸
●女性在濃情蜜意時會分泌女性荷爾蒙，所以肌膚光潤，雙目有神

◉美麗是拜荷爾蒙之賜

「戀愛中的女人會變得更漂亮」的說法在社會學、心理學及生物學都是有理可循的。

在社會學這方面，從文化人類學的調查可知，未婚女性及訂婚女性有其獨特的打扮方式，習慣上要將自己全身徹底加以裝扮，目的當然是希望呈現出最美麗的一面。

就心理學而言，戀愛中的女人爲了博取男人的歡心，會努力保持自己最動人的模樣，不論是說話語氣或是服飾裝扮，各方面都會十分小心。當然，這個「男人」是特定的男人，但是若要將範圍擴大至一般男人也無不可。

再就生物學的觀點來說，女人一談戀愛，女性荷爾蒙的分泌量就會增加，這是因為大腦皮質經常在想對方的一切，所以間腦或邊緣系的機能便會發出指令，促進雌性激素及黃體素的女性荷爾蒙的分泌。

隨著女性荷爾蒙的上升，皮膚的膚質會獲得改善，肌膚光潤、髮色烏黑，膚色變白，這可能是脂肪的積存所造成，所以女人戀愛後多少會變胖。至於會被說成為愛而憔悴，原因則在於因為摸不透對方的心，心理不安所致，而心情鬱悶又導致食慾不振，再加上節食，衣帶漸寬的模樣就出現了。事實上，「美貌」及「掛念對方的心」就是吸引異性的主要特質。

簡單而言，「美」可以分成好幾種，像是冷若冰霜之美、被虐性之美及楚楚可憐之美，不管是那一種，只要能贏得對方的心就成了。

女性若是經常以這樣的意識自我敦促，想不漂亮都難。如此一來，濃妝豔抹也就理所當然了，此外女人還會在髮型上下功夫，即使是穿牛仔褲，穿法也是獨樹一格。

總而言之，沈醉在愛河中的女性都閃耀著燦爛的光芒，相反的，如果希望美麗，就談戀愛吧！

其實不論是藝術、學問、工作、運動，一個人只要專注於其中某一項，感覺上就會變得比較漂亮，這是因爲集中精神去做一件事，身體便會分泌大量的腎上腺素，一旦腎上腺素增加，眼神的光彩就不一樣了。事實上，有不少的女性會認爲埋首苦幹的男人的背影最帥；也有很多男人會覺得沈醉於舞蹈中的女人很迷人。

乍看之下，我們似乎總是拼命在工作或是讀書，其實大多是懷抱著心不甘情不願的心情，用這樣的態度，再怎麼專注和咬緊牙根都不會變美的。

當一個人致力於自己喜歡的事時，會用手托住下巴，視線上下移動，這在人類仍以動物的姿態活動在熱衷狩獵或是戰爭的神情一模一樣，精力充沛之因即在於此。

◉希拉蕊·柯林頓突然變美的理由

但是男人在談戀愛時並不會變得更帥或更有活力，理由在於性別的角色分擔，男人只有在工作時才會產生燦爛的光輝。

女性在戀愛時變美，與男人因熱中工作而發光的道理是相同的，當然埋首運動及工作的女人也會更增光彩，這些都是「腎上腺素系列」之美，也就是目光炯炯、背脊挺直使一個人看起來生氣勃勃，女人變美的秘密也就在此。女性戀愛時的美是屬於「雌性激素系列」之美，這種激素只有在你濃我濃的時候才會被分泌出來，如果「既戀愛又工作」地雙管齊下，最能使女人展現出美麗的一面，但是要這樣做又談何容易呢？

男性之所以在戀愛中不會變帥的原因，可能是他對對方是虛情假意，不是真的用心於此。

那麼我們難免會有「女性熱中於工作時會變美嗎？」的疑問。女人當然也會因工作的專注而更增光彩，但是，除了女性荷爾蒙之外，還有其他的激素亦要列入考慮。

在專心工作或運動時，女性還會分泌睪丸素酮及雄性激素（男性荷爾蒙），或多或少的壓抑了女性荷爾蒙的釋出，所以工作時的性活動會有障礙。

女性荷爾蒙是爲了在生下子女後的授乳之需而存在的，若是分泌過多，會使人呈現在做愛時出現的狀態，這樣的情況會有礙運動或工作，所以在運動或工作時，女性會自動抑制女性荷爾蒙的分泌，所以專心於這兩件事的人有時會呈現枯燥無味、骨瘦如柴的感覺。

美國的女職員對那樣的情況很有警戒心，積極設法能兩相兼顧，避免缺乏女性的魅力而無法生存，因而引起「女強人症候群」。如此看來，一邊發揮女性魅力，一邊又得意於工作崗位的希拉蕊·柯林頓算是例外之人。

希拉蕊自從夫婿當總統有望後，突然就美麗倍增，理由可能是因爲她的學業成績比丈夫好，同時她亦是一位能幹的律師，收入也比擔任地方政治人物的柯林頓多得多，又因爲他的個性優柔寡斷，因此希拉蕊對其頗爲輕視，不過她仍舊希望能妻以夫爲貴，所以便將他推上了總統的寶座，此後便對他情有獨鍾、另眼相看。有了這樣的感情，才使得她在一夕之間蛻變爲美麗的女人。再者，身爲第一夫人，爲了不使女性同胞反感，當然就必須在外貌、服裝上多下點功夫了。

在發表總統選舉演說時，站在一旁的她，表情及姿態令人津津樂道，如同戴斯蒙·摩里斯所說的母狗從下看公狗的表情一模一樣，她在演講台的斜側，目光恍惚地望著柯林頓，她並且拿下普通眼鏡改戴隱形眼鏡，從此絕口不提丈夫的壞話，當媒體報導柯林頓的醜聞時，希拉蕊也自始至終都扮演著信任的妻子的角色，好像舉手投足都配合著一定的節拍，希拉蕊的美也就與日俱增了。

男女心態定律——男人的體貼

當女人開始要求男人體貼 男人就立即妝扮

●男人的化妝是向女人求愛活動的一環
●男人為了獲得女人才表現「體貼」

◉平安時代的男性曾經化過妝

最近，男人美容的風氣也日漸傳開，男人化妝也就不足爲奇了。

也許道貌岸然的人會因而皺眉，其實這對動物來說是非常自然、本能的求愛行爲。人類之外的哺乳類動物，如獅子之毛，或者是屬於鳥類的孔雀之羽毛，雄性的一方都會將自己的外在調整至最佳狀況，以便在向雌性進行求愛時能具最有利的條件，這些都是非常理所當然，不足稱奇的現象。

以動物的情形而言，雌性之所以尋求雄性，目的只是爲了產下子嗣，雄性在交配後幾乎沒什麼東西可以給雌性，所以雄性的一方不得不積極採取求愛行動。

當然，人類亦有如此的一面，但是如果處於以性別來分工的社會，因爲爲了維護女性的個體，或是爲了維持種族，生男育女是必備的環節，所以男人必須提出經濟的保證。在古代社會中，男方一定要提供武力的保證，否則女方便無法順利地產下子女。

結果，女性若是想引誘男性，唯一之道就是將自己妝扮得漂漂亮亮的，而這就是女性之所以拼命化妝的根本原因。

但是以日本爲例，男人不再化妝的時代才開始不久，不過他們化妝並不是爲了促進「擇偶行爲」。平安時代的男性的化妝方式是在臉上塗白粉，再將牙齒染黑。

《源平盛衰記》中有這麼一段的記載：在一谷之戰中，源氏的武將熊谷次郎直實擒住了敗逃的平敦盛，並問他：「敵方?我方?」敦盛回答：「我方。」然後就想逃離，源氏大喝一聲：「源氏並無黑牙之人！」

平安時代的男性服裝總是華美亮麗，這是因爲平安時代的婚姻是以宮廷爲背景的問妻婚（夫婿到妻子閨房問候的方式），因此男性勢必對女性有所要求，所以朗誦情詩亦算是手段之一。雖然平安時代男性的求愛行爲非常優雅，卻也相當費時費事。

日本在戰國時代之前，男人的服裝具有極爲重要的功能，武士的禮服除了有表示自己的强捍與能幹外，還可以有威嚇敵人的作用，並且是尋求僱用自己的城主的有力廣告，當然在求愛行動中也是自我炫耀的武器。

但是在戰國時代之後，隨著封建制度的確立，女性喪失了存在的價值，地位簡直與物品無異；對於婚姻，女性的選擇權也消失了，這麼一來，男人就再也不必爲了取悅女人而用心妝扮了。

◉男人味不管用

近代的英國及明治時代之後的日本，男性開始穿著西裝這類不耀眼的服裝，同時也因此而抹殺了他們的性別，因爲在企業、經營的世界中，中性化的服裝比較理想，男人才能專心工作，公私分明，結果，男人就從此不再化妝了。

日本亦有相親結婚的制度，有了這樣的背景，相親之時外貌給人的印象有了重要的地位，不過社會地位及學歷更受人重視，所以男人如果化妝，便會讓人有娘娘腔的感覺。

但是現代的日本女性也已經靠著自己的力量而獲得了社會地位，而且也以男性爲榜樣而開始化妝，再者，孔武有力的男人再也不像以往那樣受到女性的青睞，當然尚不致於完全歸零，只是肌肉的强壯與生存的相關性已經不再像從前那樣密不可分了。

在過去，當一個留有鬍子的男士擦身而過，往往散發出難以抵抗的男人味，而寬肩的男人也使人有依賴感，穿著牛仔褲配夾克的男人更是具有吸引女人的魅力，這些例子都是以男性的肌肉來表示「養妳沒問題」的手段，只是時至今日，情況已經有了變化，因爲女人可以回你一句：「我不需要靠你養！」

這是因爲在女性不斷向社會進軍的現代，女人靠男人保護、供養的必要性已經大幅降低，所以女性爲了生存而尋求具備男性特徵的男人的理由也不多了。

站在心理學的觀點而言，這些改變都是因爲女性內心的「animus」獲得强化，她們不再需要將此類的要求投影在外在的異性身上。

只要是動物，不論是男性或女性，都是以追求自我舒適爲首要之務。過去，女人覺得爲養活自己的男人做家事是一大樂事，可是到了現在，因爲女性自己也必須外出工作，能夠與願意分擔家務、育兒工作的男人生活在一起才是快樂的。

而願意分擔家務、育兒工作的男人，才稱得上是「體貼的男人」。因此，現代的女性已經開始在尋求具有女性特徵的男性，所以體貼的男人在異性的評價中，可以獲得極高的分數。結果，男性爲了表示「我是體貼的男人」或是「我有女性特徵」而開始剃腳毛、裝扮自己。

男女心態定律——戀愛感情

不分男女戀愛都是源於動物的本能

●「女人是感情的動物」此言非眞
●女人之所以比男人重感情，原因在於其肉體與感情的距離近
●表現慾強、虛榮心重的男人，也會歇斯底里

◎女人比男人情緒化嗎？

自古有云：「女人是感情的動物。」的確，有不少男人在戀愛時或結婚後，爲了求得對方之心而傷透了腦筋，不過這句話是將女人視爲動物來愚弄，因爲男人亦留下了這樣的動物性。

到底「女人是感情的動物」這句話可信度如何呢？

以事實而言，女性的左右腦分化不如男性來得明顯，間腦、腦下垂體及邊緣系機能比較容易受荷爾蒙的影響而變動，所以那句話是有幾分道理的。

倒是近來已經沒有顯著的不同才是事實。

比起男性，女性待人處事是比較不理性，這種將理性與感情一分爲二，並且認爲理性才是唯一支配意識的思想是十七世紀以來歐洲的觀念，莫非它是真的？

英國的文豪蔡斯達頓曾經說過：「瘋子不是指失去理性的人，而是只剩下理性的人。」此外，在其名著《布朗神父的無知》中，他藉著主角布朗神父透露了一句名言：「想隱藏樹葉，該藏在哪裡呢？就藏在森林中吧！想隱藏石子，該藏在哪裡呢？就藏在沙灘中吧！」

這句話是布朗神父在巧妙猜中一場屠殺後所說的話。原來有一位將軍因爲嫉妒一名年輕的中尉，爲了殺他，所以下令一場決無勝算的突擊，使得全連士兵無一倖存，在堆積如山的屍體中，他想謀害中尉的罪行就消弭於無形了。像將軍這種只剩理性的人是無藥可救的。

此外，身爲納粹首領的希特勒也曾染患柏金森症、藥物中毒及强迫觀念性神經症，他依此邏輯而屠殺精神分裂症者及思想遲鈍者這兩種人。希特勒認爲從未參與生產的人活下去也没用，没用的人活下去也無意義，每個人都把他這種下令屠殺猶太人的行徑稱爲瘋狂。

希特勒雖然有他的理由，但是這正如同蔡斯達頓所談的，只剩理智的惡漢最是可怕，所以造成的悲劇也就格外令人怵目驚心了。

由此可知，理性與感情必須統合，如此方可發揮其健全的機能，也可以說女人就是因爲感情與理性難分難離，相形之下就比男人更具人情味。

再者，將女性這種待人處事的想法，簡單以「歇斯底里」一言蔽之，並且以歇斯底里神經症來命名是不正確的。

所謂的「歇斯底里神經症」是指以身體的反應來表達精神的痛苦，又名「轉換性障礙」。例如，承受太多的壓力，對現實的自己難以承受，所以便暫時化身爲另一個自己，解離性障礙及多重人格障礙都是其中之一。

由於女性的間腦、腦下垂體及邊緣系的機能較敏感，自律神經也就容易受影響，有句話說「秋天女人心」，意思就是女人的心如秋天的天氣多變化，因爲這一切都與女性荷爾蒙密切相關，所以說女人的肉體與精神關係的距離較相近。

而「肉體與精神關係的距離較相近」，即是表示女性本身可感受得出在生理期前後自己情緒的變化，不過這並不代表女性的思考力劣於男性。

◉「歇斯底里」並非女性的專利

將前述症狀稱爲「歇斯底里」是起自於紀元前三世紀的一位名叫希波克拉底的希臘名醫，他曾說：「女人體內棲息著一種叫子宮的動物（希臘文的「子宮」稱爲歇斯底里），這個動物經常想生小孩，如果妳不讓它生，它就在腹中生氣，傳出『讓我生！讓我生！』的吶喊，結果擁有它的女人，也因爲受到它的影響而一起發怒。」

女性因爲生理方面的欲求不滿才引起了歇斯底里的症狀，而「歇斯底里」即是子宮病，所以希波克拉底才有「女性以子宮思考」的說法。

佛洛依德亦持相同意見，只不過他認爲男性與女性一樣，兩者皆會歇斯底里，但是典型的歇斯底里則多見於女性身上。

以現今的醫學觀點而言，認爲「歇斯底里」是女性的獨特症狀乃是荒謬之論，女性因爲生理之欲求不滿而引發歇斯底里，如此一來與以精神分析而得的精神症狀的來源相同，所以男性也可能發生歇斯底里。

一般來說，自我表現慾强、虛榮心重的人，較容易得到這種毛病，例如前述之希特勒，即在第一次大戰中患過歇斯底里性的失明。

希特勒在第二次世界大戰中，經常逢人就誇耀自己是最勇敢的下士，但是在歷史上因戰車首次登場而聞名的桑河（Somme）之戰，他卻因被毒氣薰眼而暫時失明。

當希特勒被送回野戰醫院後，眼科醫師柯立芝經診斷而知他患的是歇斯底里性暫時失明，於是就將他再送回戰場。事實上，希特勒的眼睛在不久後即重獲光明，但是他卻對醫生的決定懷恨在心，在他掌權後就立刻找出那位醫生，並且親自免除其職務。

說到虛榮心是男女皆有的，只不過要面子的方法不同而已。

也許希波克拉底曾經觀察過女性在生理期前後，及懷孕、生產前後會有精神上的不穩定，因而認爲女性的肉體與精神的距離較相近，也就是說精神上的苦悶容易以肉體的症狀出現。但是這只不過意謂著較有女人味的人比較會發生歇斯底里的情況，或者是虛榮心較重的性格比較容易引發歇斯底里。

結果，近來已經認定歇斯底里的用詞不恰當，所以在《DSM—Ⅲ—R（精神障礙之分類與診斷手册）》及《ICD—10（國際疾病分類）》中不再使用「歇斯底里」或「歇斯底里性格」。

現在將容易引起此種症狀的性格稱爲「Historionic Personality Drsorder」，而Historionic 即是創造故事之意，不過，一般多是譯爲演技性人格障礙，而且男女患病的機會是均等的。

只是，女性的思考、判斷過於感情用事，不可採信的說法並非是希臘醫生的專利，在古印度記錄習慣法的Manu-Smrti 法典中亦有相同的記載。

Manu-Smrti 法典中所記錄的是關於法律審判的規定，其中有一段條文是：「瘋子、小孩、女人之證言不可採信，因爲女人非常感情用事，其判斷易被情感左右。」但是站在現代醫學的觀點，這是歧視女性的說法，事實上，女性當證人不可靠根本是無稽之談。

反倒是當銀行遭强盜搶劫時，對於犯人之長相爲何，能夠提供最正確的描述的人大多是女性行員。女人在看一個人時會非常注意對方的服裝及髮型，這是因爲女人對他人的服裝、髮型及攜帶品很有興趣，而且會經常比較別人與自己的東西。

男女心態定律——羞恥

愈是人我疏離的社會
愈會增加不顧羞恥而在大庭廣衆下擁吻的情侶

●羞恥乃是肇因於想隱瞞性的存在
●愈沒有被罵經驗的女性愈不知羞恥
●中年婦女之所以羞恥心漸淡，主要是因為受到男性騷擾的恐懼已經不復存在

◉「害羞」的感情本質

這幾年來，在大街上或電車中不顧他人眼光而深情擁吻的情侶增加了很多，以前的日本卻全部都是「那有多難爲情……」並且立刻羞紅了臉的人，對於在衆目睽睽下做出如此熱情的舉動是想像不到的。

年紀在四十歲以上的中年人，在看到年輕人這樣的行爲時莫不皺眉感歎，可是二十歲及三十歲前半的人卻無動於衷，因爲他們不認爲那有什麼好大驚小怪的。其實，羞恥原本就是人類獨特的感情。

每個社會都有其不允許之事，根據日本的輕犯罪法規定：不可隨地便溺、順手牽羊……，如果當場被發現，那將是可恥至極的事，因爲有如此行徑的人是會被社會輕視的。

也就是說「難爲情」的感情是源於違反了社會的約束而受到他人的輕蔑，雖然不致於被處罰，可是社會對其之評價會下降，並且有損自尊。

以此而言，當一對情侶互相擁吻時，說得極端點即是在性行爲的當場被抓到，但是因爲不是打破社會的約束，會覺得難爲情才怪。

不過，人類至今還是羞於被人在性行爲現場發現的理由有四：

第一，首先來看人類以外的動物，動物在交配時被其他動物撞見時會覺得可恥，但也可以說不覺得有何不妥，只是牠們還是討厭被異種動物看見其性行爲。貓之所以會公然交配，原因是觀衆是牠可以信賴的飼主，而飼主對貓來說，無論牠做什麼，飼主都會保護牠。

生產時亦同，動物會隱藏在隱密處生下下一代，可是換了家貓或家犬，爲了能夠得到飼主的幫助，所以牠們才會在人類面前生產。

包括人類，對動物而言，性行爲及生產時都是不堪一擊、毫無防備的狀態。自古以來，職業殺手的襲擊時間都選擇在當其與配偶共眠時，因爲此時的目標最無防衛力。所以，動物才會找隱蔽處交配及生產。

第二，父母親都有不希望子女看見其性行爲的想法，這是與戀父情結、戀母情節相逆而行的，父母親覺得性的存在最好不被小孩子發現。

相反的，小孩子卻很想探知雙親性的存在，只是在心理上壓抑下來而已。

精神分析學家佛洛依德形容子女在初次目擊父母的性行爲時的深刻衝擊，並命名爲原景（primary scene）目擊。他認爲這個記憶被壓抑在孩子的內心深處，但是卻帶給他（她）終身的心傷，一旦在某種機會下再見到目擊的景象，便會無來由地重視當時的恐懼感及（心理上的）休克。

既然小孩子壓抑認知父母的性的存在，所以爲了怕小孩子因爲看見其性行爲而受到突然的刺激，父母的想法也是人之常情。

第三，這可能是人類特有的現象，當一男一女在一夫一妻的制度下結合後，他（她）就必須中止與其他異性的親密行爲。

現在假定有五位男子，分別A、B、C、D、E，又假定妳選擇了D，結果A、B、C、E這四位絕對不會認爲那是理性組合。事實上，當一對男女在特定的團體中結合爲夫妻後，這兩個人往往會被孤立或懸浮於半空中，更何況被人撞見其性行爲……，他們兩人之所以會被其他人一腳踢出去的原因也就在此。

第四的理由與第二較相近，但是因爲他們兩人所顯示的性的存在，並非與職業的存在、社會的存在有關，所以在公共場所中的每一個人都必須儘量掩飾其性的存在，而且我個人認爲相當有宗教意味的傾向。

在這個世界上，有些民族性的羞恥心强，有些民族則否，但是一般而言，男神主張有女性所有權，女神則主張有男性的所有權，因此每個人都認爲如果他們有性行爲，會招致神的嫉妒。

生理期中的女性之所以被認爲是污穢之因，乃是生理即表示性的存在，所以爲神祇不喜。

在衆多的神祇中，無論希臘神話的宙斯、海拉，或者是猶太神的耶和華，都是大醋桶一個。《約伯（Job）記》中所描寫的耶和華甚至心懷惡念，更何況是人呢？性行爲之所以要隱密，主要就是要避免引起神的嫉妒。

比起西方諸神，日本的神就沒有那樣重的嫉妒心，因此日本人，尤其是古代的日本人，對於性的看法是相當大方的。

不過以上四個理由並不算是合理的理由，但是性仍是被禁止公開的。

縱使有合理的理由或者是乍看之下雖然沒有理由，在習慣上卻是人人禁止之事都稱爲「戒律」，尤其是事關性的事，例如，近親相姦、獸姦及猶太（基督）國家尚包括自慰、同性戀等許多事項，可是許多的「戒律」在最近社會中卻有逐漸消失的傾向。

當然，有關性方面的戒律也在慢慢消失中。在從前本來有男女授受不親的禁忌，認爲一對男女不可在人前擁抱或親吻，現在卻已堂而皇之的表現了。

日本在江户時代之前，即使是夫婦同行也都一前一後，不可以併肩而行。而同性的師徒尚有「退三尺不踏師之影」的說法，可見得弟子也只能走在師父身後，若有話要訓示弟子，師父就必須回顧而言，這樣的形式一直到了明治時代才變爲可以並排而走。

至於情侶能夠在都市中齊肩而行也是明治之後的事了，但是在邊陲地方，這類的戒律仍然維持了一段相當長的時間。

而情侶能在衆目注視的大街上牽手，則是在第二次大戰後的昭和二十年代，受美國電影及日本文藝愛情片的影響所帶來的新風俗，日本人可以在屋外之地親吻亦是戰後之事。

美國人對於在地下鐵中擁吻的行徑非常坦然，在美國佔領日本之後，美國在文化上、政治上所造成的影響是非常深遠的，到了最近，電視及錄影帶的效用亦不可小看。再者，去過美國，實際見識到紐約之類的大都市的街頭百態之人也與日俱增，所以在戰後的時代，日本人便普遍認爲既然美國人能夠被允許，日本人應該也可以起而效法。

難爲情的感覺除了會發生在熟人身上外，對陌生人也會有如此的感情。置身於東京這個大都市，放眼望去，幾乎沒有一個是認識的人，能夠在電車中與熟人同坐於一個車廂的可能性是極其細微的。

再者，大都市中的人已經開始對陌生人（別人）不加關心，因爲在人來人往的大都市中，除了冷漠待人外，就別無他法了。我個人認爲，日本人對性行爲失去羞恥心的原因即在於此。

◉近來的日本人以「愛」為至高無上的價值

此外，最重要的原因還有下面這一點：

第二次大戰後的日本已經失去戰前價值觀的基準，戰前，日本人民有對國家忠誠、侍親至孝的共同觀念，也就是有「忠孝」的價值觀。

昭和初期由演員榎本健一所唱的「雖然小如鴿子籠，卻是我快樂的窩，親情滿廳堂」的歌詞亦表達了「愛」的價值，不過到明治時代爲止，「愛」並不被當成有價值的詞彙，但是從大正時代至昭和初期，日本人總算將「忠孝」與「愛」這兩種價值基準並存看待了。

以這樣的情況來看，才剛認識「愛」的價值的日本人，不久後就被大量徵召到太平洋戰場上，不但戰場上的戰死率極高，就連後方的非戰人員亦死傷龐大，戰爭的殘酷由此可見。

在中日及日俄戰爭中，因爲「忠孝」被認爲是當時最崇高的價值，身處那樣的時代，爲國捐軀之心是極其當然的情緒，但是時至太平洋戰爭，情況就全然不同了。

此外，第二次大戰前的日本人或戰前出生之日本人都早已認知「戀愛」是自由的象徵，因爲戰前的日本是談不上政治自由的社會，提到人身的自由，基本上只能落實男女間的性愛自由罷了。

但是到了戰後，「忠孝」的價值觀消失，只留下「愛」的價值觀而已，再從日本最近的電視連續劇來看，現代社會中所殘存的唯一的價值基準也只有「愛」了。

雖然簡單說是「愛」，不過範圍並非只限於男女間的愛情，其中亦包含了對全人類、全地球的愛，但是基本的形式仍是以親情與愛情爲主。在動物世界中的「愛」即是互相保護、引起養育行爲的感情，其基本形式是戀愛與性愛，說得誇張點，這些都DNA（遺傳因子）所下達的命令。

「愛」這個字開始以現在的意義使用是日本明治之後的事，在此之前，日本人日常生活中從未存有現行涵意的「愛」字，只有「慈悲」、「仁義」的語詞。在進入明治時代，將英文的「love」翻譯成「愛」後，日本才開始使用現在此意的「愛」。

在希臘文中，「愛」有兩種涵意：一個是Eros（性愛），一個是Agapee（神愛），而神愛的意義相當於中文中的「仁」，是不合性愛意味的愛，所以基督教所說的「愛」即是「神愛」，亦即犧牲自己、造福他人之「愛」。

◉厭惡出風頭的日本社會

不管應該如何畫分，我們的想法會一直提昇，並且認爲「愛」才是最高的價值觀，爲「愛」奉獻的行爲並不可恥，而且是很自然的事，但是今後是否會出現膽敢在衆人眼前進行性行爲的男女，仍然是個疑問。

事實上，美國人的Swapping（交換夫妻）的風氣可能要比日本盛行，日本的這種情況仍屬罕見。日本人的羞恥感比美國人强的理由亦有四點：

第一，美國本來是以基督教立國，基督教中心尤以新教爲極端禁慾的宗教，美國大都市中的人多爲新教徒、清教徒，基督教在當時的管束相當嚴格。

可是到了戰後，基督教的管束倏然鬆弛，美國社會也開始解體，結果使得部分的美國人失去羞恥感，不過並不是全美國人都如此，隨著地域、集團的不同，許多地方的性的羞恥心，甚至比日本人的平均值還要高。

第二，美國社會沒有經歷過封建社會，並且是由各地移民組合而成，可以說是一個如假包換的自由社會。在固有的觀念中缺乏男女關係之戒律規範。

然而，在基督教的想法中，性的禁忌是一直存在的。例如：最近看美國電視的日本男性可能覺得不過癮，因爲出現女性肉體的鏡頭比日本少了許多。

日本的電視節目常被認爲是全世界裸露女性軀體最多的節目，但是美國就不至於如此，不過如果說美國男人不想看，倒也不是真話。美國有些二十四小時全天播放女性的有氧舞蹈，此類的節目成了代替日本電視上顯露豐滿的女性肉體的代用品。

第三，美國本來就是一個坦率（frank）的社會。

第四，日本人被認爲是在「性」趣上比較輕描淡寫、興致不高的民族，相對於此傾向，外國卻形容其爲「Skibby（色瞇瞇）」，這是將嘲笑日本人的用辭英語化了。的確，許多日本男子以組團的方式出國買春。甚至有人說因爲語言不通，日本男人在挑逗異性的表現上難免過於露骨，這一點就與道貌岸然的外國人相去甚遠了。

此外，日本人非常介意別人的眼光，常有人說代表日本社會的是羞恥的文化，而非犯罪的文化。總而言之，日本人不論是好是壞，都非常厭惡出風頭，不顯目、不耀眼才是日本人的生存技巧。翻閱歷史，凡是好出名的人都没有好下場。

日本與美國社會的最大不同點即在於此。在江户時代，只要有新奇表現之人，往往被處以莫須有的罪名，例如，有一名叫幸吉的裱褙師在雙手綁上翅膀，然後從岡山橋上跳下試飛，結果遭到有關單位的處罰，可是同樣的情況發生在美國，得到的卻是讚賞與獎勵。

江户時代的日本禁止所有的新奇舉動，這樣的做法與保守的德川幕府的政治心態有關。德川幕府的時代實施了鎖國政策，用以防止外國文化的入侵，不論理由爲何，只要是與外國文化、基督教傳教士有關的人、事、物都要加以壓抑。

在實施初期，幕府的目標是改變日本社會結構的人，但是在養成習慣後，高野長榮及渡邊華山也無故被處死，他們兩個人只不過是專注於荷蘭的學問研究罷了，從此以後，這類的不白之冤就稱爲「蠻社之獄」。另外，尚有不少人被冠上「危言聳聽」（亦即傳播標新立異的言論）等曖昧不清的罪名而受到處罰。

日本人被强迫過了三百年這樣的生活，因而養成部落社會的習慣，認爲「平凡無奇」才是生存之道，在部落社會中的一舉一動都要有例可循，絕對禁止與衆不同的思想、言語及行動。

從此，日本人陷入害怕被說成特立獨行的恐懼中，而且也不肯定「獨創」，認爲「獨創」是一種罵人的用辭。這些都與社會的羞恥心有密切的關係。

不過那只是「醒目與否」的問題，與「好壞」扯不上關係。因此，如果「紅燈在前不必怕，有志一同大家闖」的心態慢慢傳開，每個人就可以隨手丟垃圾或口香糖，即使插隊也毫不羞恥。

至於在人前擁吻而不在乎的心理，也從某個階段開始激增，尤其是進入資訊化社會後，一向厭惡搶眼的日本人的意識也有了巨大的變化，他們逐漸遺忘羞恥，而且不單只限於性方面。

這一類的傾向可以用觀衆一窩蜂地參加節目錄影來說明，在過去，人們只要見到攝影機接近，就立刻逃之夭夭，現在的人卻多能毫不害怕地向鏡頭擺出勝利的手勢。

日本人之所以會溜之大吉的場面，大概只有在外國人搭訕、問路時，這是因爲日本人多認爲必須英語流利才上得了台面，亦即對自己的洋涇浜英文覺得很可恥，一旦有了如此的心態，英語想好就難了。

◉年輕女性忘了「羞恥」的時代……

以人類的情況而言，除了有無防衛的危險外，也因爲有前述的羞恥意識，所以一直壓抑在人前的性行爲，雖然社會百態不斷在改變，這樣的傾向卻從未改變。

因爲人類有象徵形成能力，即使是吻、擁抱，在心理上難免會與性畫上等號，所以才持續地壓抑這類行爲，可是不同於此現象，文化等各條件卻漸漸有了變化。

有一位名叫堀田勝彥的漫畫家創作了以《歐巴桑》爲名的作品，內容是描寫現代的中年婦女與年輕女性相互責難對方的不知羞恥。年輕女性謾罵歐巴桑厚顏無恥，而那一群歐巴桑則指責年輕女性沒有教養，竟然在大庭廣衆之下公然表現愛意，真是寡廉鮮恥。

年輕女性的難爲情來自兩方面：

一方面因爲她自己還是沒有性經驗的處女，所以當他人對她顯露有關性的狀況時，就只好將臉孔別向一邊，即使有意回應，也要故作隱瞞姿態，這亦算是提高「商品價值」的招數，中國的「良賈深藏如空」就是這樣的心境。

在紐約的第五街，以第凡內爲代表的高級珠寶店的櫥窗所展示的飾品，總會讓人覺得過於保守，事實上，愈是高級的珠寶店，那樣的傾向愈强烈，「良賈深藏如空」所代表之意義即是如此。

在英國維多利亞時代曾經建立了該時代的倫理觀，時間大約在十九至二十世紀初期，屬於歐洲上流社會的道德觀之典型（毋寧說是中產階級的道德觀）有如此之規定，年輕的女性若遇到裸身闖入自己屋子的男人就必須立刻昏迷，否則便會被認爲不夠含蓄。不過，最近卻是年輕女性去欣賞男性脫衣舞，可見得性的風俗已經隨著時代的腳步而起了變化。

另一方面，女性對自己一直成熟的女人味有厭惡及恐懼感，她們的根據是源於對母親的反感，並且害怕成爲男人的所有物、擔憂在性愛上被男人征服。

爲此，她們想隱瞞自己性的存在，凡是碰到含有性的意象的物品暴露在眼前，唯一之道就是轉頭不看。

可是一旦結了婚、生下了小孩，再主張自己的性的存在也無多大意義了。時至今日，男女間的交往漸漸開放，只有生長在封閉社會的人，亦即是那些衛道人士，才會非難這些情況，前述之《歐巴桑》漫畫就諷刺地描寫了他們之間的代溝。

現代的歐巴桑都是專職的家庭主婦，因爲未曾踏入社會，也就沒有經歷社會訓練，因此，她們對門檻之外的社會倫理是一無所知。

想不到那樣的她們也開始跨出屋外，並且以參加補習、同學會爲第一步，然後加入打工的行列。說到打工，如果不是服務於訓練有素的速食店，沒有社會經驗的家庭主婦往往會將家中的習慣搬到工作地點，行爲上常會有我行我素的場面。

雖然尚不如歐巴桑的糟糕，但是現在某一年代之後的女性因爲沒有挨罵的經驗，同時也就意謂著沒有社會經驗。任職於有社會訓練之傳統的公司女職員，在嚴厲的上司的管理下，言行上多少會有改變，但是爲數不多，所以說現在的女孩子真是天不怕、地不怕。

結果，對於性的羞恥感也不復存在。事實上，以前的性的羞恥心已經有了某種程度的消失，大言不慚地講著性的話題是中年婦女獨有的特質，並且成爲「媒人婆」而幫助年輕人的「擇偶行爲」，不過，那已經是過去式了，在價值觀不斷變化的現代，她們並不將這特質用於助人，只是一直表現「恬不知恥」的一面，真是無藥可救。

3

偷情、外遇、離婚的「心態定律」

男女心態定律——外遇

當女人覺得某男子有非比尋常的魅力時外遇就因此而生

●當女人感到浪漫及色情就有了外遇
●女人為了嘗試不凡的性愛而有外遇
●女人的外遇對象多與丈夫不同型

◉《麥迪遜之橋》為何暢銷？

雖然不是電視的連續劇（日本的電視系列曾播放的「恨不相逢未嫁時」）的猥褻的戀愛，純情的外遇之類的廣告，但是在當前環境中，外遇已經不再是隱微的禁忌，而且逐漸成爲變愛的基本形式。

隨著時代潮流的推進，有關「性」的禁忌也慢慢淡化，性愛的方式推陳出新，要什麼有什麼，像是同性戀、ＳＭ（虐待與被虐待狂）、戀物癖、戀童癖……，完全都是脫離生殖目的，改以享樂爲前題。女性雜誌上的專刊所誇耀的「外遇才是純情之愛」或許可說是這個時代的象徵。

日本在一九九三年的熱門暢銷書是《麥迪遜之橋》（羅伯·詹姆斯·華納著，文藝春秋社出版），它可以稱得上是「純情外遇」的始作蛹者。

也許各位讀者曾經讀過，以下就簡單介紹此書的內容：有一位中年男子羅勃到美國愛荷華州的麥迪遜郡，尋求屋頂之橋作爲拍攝主題，卻在偶然的情況下認識了農場主人的妻子法蘭蔡思嘉，兩人在短短四天中陷入瘋狂的熱戀，這本書可說是一部描寫中年男女婚外情的小說。

《麥迪遜之橋》在全美的銷售量超過兩百五十萬本，爲什麼它能如此深深地扣住美國人與日本人的心弦呢？

許多現在的美國人喜歡爲所欲爲，常常在發生婚外情後以離婚付出代價，犧牲了小孩及家庭。事實上，他們對於這樣的生活方式再也看不過去了。

因此有不少的男女讀者對羅勃與法蘭蔡思嘉的純情的外遇有同感，並且對其不犧牲家庭、子女的作法極爲認同。而華納的第二部作品《慢華爾滋之河》的評價卻不高，證明了捨棄家庭、子女的婚外情戀者會遭受讀者的唾棄。

這部小說的設定狀況與從前在美國及日本轟動一時，與喬治·史蒂芬孫導演的電影

「Shane（西恩）」極爲類似。劇中的西恩是由亞羅·拉特扮演的流浪殺手，而《麥迪遜之橋》的羅勃，是一位流浪攝影師。

因爲西恩的援助而解除危機的農場主人之妻大概就因此而對他產生了愛慕之情，後來爭論一分爲二，一派主張他們兩人未發生性關係，另一派則持相反意見。但是就我個人認爲，他們之間没有性關係的論點比較妥當。

依據故事情節顯示，西恩以一拳擊昏她的丈夫後，便單槍匹馬地代替他去尋找欲謀奪農場的歹徒決鬥。西恩的目的是不希望她幸福、平穩的家庭遭到破壞，亦即他不願意看見自己心愛的女人臉上的悲傷表情，爲了她，他獨自一人去決鬥地點赴約。無論是《麥迪遜之橋》或是《Shane》中的男主角都愛上女主角，卻也都不忍見到她的家庭受到一絲波瀾。

至於《麥迪遜之橋》中的羅勃與法蘭蔡思嘉之間曾經有過性關係，可是這是由於兩者之間的時代有了變化之故。美國人對性的看法在《Shane》至《麥迪遜之橋》的時代已經產生了不小的變化。

在《Shane》的時代，西恩與農場主人之妻只有精神上的戀慕，但是到了《麥迪遜之橋》時，羅勃與法蘭蔡思嘉的心中卻一直無法忘懷曾有過的四日激情，《麥迪遜之橋》可以說是《Shane》的現代版。

而這類文藝小說之所以能受到衆多女性讀者的青睞，主要的原因就是它能煽動女性特有的「灰姑娘情節」。

所謂的「灰姑娘情節」就是幻想在不久的未來，心目中的「白馬王子」會出現在她的面前，迎接她到另一種更舒適的生活。這裡所說的「白馬王子」是指多金、英俊、有崇高社會地位的男子，也就是可以帶領自己脫離目前這種沈悶生活的男人。

《更級日記》的作者菅孝標女是一位愛看愛情小說鼻祖《源氏物語》及《宇津保物語》等作品的文學少女。她在作品中曾經慨嘆地描寫自己：「（實際上雖然不可能，但是在我的少女時代的確如此）我現在還年輕，外貌難免不夠出衆，不過，等我年紀大了，一定會漂亮多了，而且我夢寐以求的如源氏君的男子，必定會翩然地出現在我的眼前。我一直沈浸在這般的幻想世間中，最後卻只得到孤獨寂寞的一生。」

由此可見菅原孝標女具有典型的灰姑娘情節，但是像她這樣一心等待一位風度翩翩的男子來迎接她的夢幻心情，是女性或多或少都有的。

事實上，灰姑娘故事的總集《浪漫啞劇》的一系列作品之所以能獲得成功，在在道出了女性的灰姑娘情節有多强烈，而能夠激發灰姑娘情節的故事內容正是愛情小說的原型。

此外，所有的愛情小說都有性方面的交換體驗，不僅是小說如此，即便是電影或是電視劇也都有相同的傾向，因爲藉由將想像世界投影在現實的文字、畫面中可以得到模擬的體驗。

經由閱讀愛情小說，讀者可以獲得戀愛的模擬體驗，少女時代的菅原孝標女之所以如癡如醉地沈迷於《源氏物語》及《宇津保物語》都是這樣的心態。

的確，很多女性在看過《麥迪遜之橋》後都會被煽動其灰姑娘情結，可是到了兩性平等意識强烈的美國現代社會，如果過份誇耀社會地位，恐怕會立刻招來旁人厭惡的眼光。

從相反的角度來看，作者將男主角羅勃設定爲與社會地位無緣的法國平凡攝影記者，這樣的造形簡直與流浪漢無異，不過也許這就是能夠得到衆多女性支持的原因。

作者覺得這部小說顯然是實質的創作，這一點可以從羅勃終其一生都在回顧法蘭蔡思嘉的表現即可得知。

因爲在現實世界中，男人一輩子只懷念單一的女人是絕無僅有的，所以認定「外遇才是純情之愛」的近期風潮只不過是幻想罷了。

在這種情況下，他應該暫且割捨對她的感情，只留下美好的回憶，並且即刻以其他女性爲目標才是合乎自然之理，再者，他的性能力高、性慾不弱，應該可以找到別的女性才對，但是他卻採取消極的做法。

羅勃透過委託管理自己遺產的律師事務所寫信給她，信中提到：「在認識妳之前我也曾經有過幾個女人，但是自從認識了妳，我就只有妳了，從現在起，我要過著一個人的生活，不會再對任何女人有感覺了。」

根據心理分析，他可能是屬於唐璜型那一類的人。唐璜是一個好色放盪的虛構人物，屬於這種類型的男人會不斷地尋求理想中的女性，最後結局卻是對所有的女性都無法感到滿足。

羅勃是一個有離婚記錄的男人，以現在的講法可以將他形容為雅痞型的男子，先前的敘述也說明了他與數位女性有過性關係。

依據佛洛依德的分析，男性不論年紀到了多大，心中都一直存有自己母親的意象，並且在自己喜歡的對象身上發掘出來，羅勃也不例外，他似乎想在法蘭蔡思嘉的身上找出母親那樣的母性魅力。

最具象徵性的場面即是小說中出現的料理晚餐的一幕，場景是法蘭蔡思嘉正在為他燉湯，她讓羅勃幫忙切菜的一段，她當時正在削馬鈴薯皮，身旁的羅勃則笨拙地拿著刀子切紅蘿蔔、蕪菁、荷蘭防風草（parsnip）及洋蔥。

過慣了流浪生活的羅勃，可能久未遇到刻意爲自己做飯的女性，一旦碰到像法蘭蔡思嘉這樣的女人，便在她身上投影了自己母親的意象。

◉《麥迪遜之橋》是女性的外遇願望

女性從何時會開始產生外遇的願望呢？

我們常常可以在女性雜誌之類的刊物上看到以外遇爲主題的特刊，其中出現不少外遇經驗的現身說法。

事實上並無法真正得知女性外遇的確切數目，但是以訛傳訛地說年輕的女職員都有外遇的說法也太過誇張，不過有外遇願望的女性，的確超乎想像的多。

《麥迪遜之橋》很技巧地表現了女性的外遇願望，接下來就以法蘭蔡思嘉爲例，分析女性的外遇願望。

羅勃是四海爲家，以攝影爲業的自由攝影記者，另一方面，法蘭蔡思嘉是一位喜愛詩歌、聰明慧黠的女人，與丈夫理查育有兩名子女，是平凡的家庭主婦。

如果再進一步地解讀這部小說，我們可以發現法蘭蔡思嘉的丈夫理查是一名樸實、中規中矩的典型的美國中西部農夫。美國原本是以基督教立國的國家，但是其中亦摻雜著由荷蘭、德國移民來中西部的新教徒。

在基督教派中，新教是比較禁慾的一支，所以我認為理查的道德觀與價值觀，很強烈地反映了新教徒的想法。

據說新教徒對於聖經的教義非常忠實，聖經曾記載「耶和華祝福道：『多子多孫福盈地。』」在教徒的觀念中並不承認性與生殖的分離，簡單來說，生殖是性的唯一目的，若不是為生殖卻享愛性愛之樂即是罪惡。

此外，教義中也對飲食有著非當嚴格的規定，他們認為人類的吃喝是為了補給日常活動最低程度的營養所必須的手段，怎麼能夠以其他目的而享受饕餮之樂呢？

以這種分析法來閱讀這部小說，就會發現法蘭蔡思嘉的丈夫理查固然是一個正派的男人，可是從另一方面來看，他也是一個過於敷衍現實，索然無味的人。事實上，理查對性的看法較為淡薄，好像對身旁的妻子毫無興趣。

法蘭蔡思嘉之所以會被羅勃吸引，或許是因為在他身上找到了自己丈夫沒有的另一種理想。不過，羅勃的確有與理查完全相反的性格。

第一，他是基督教徒。第二，擁有藝術家氣質的羅勃具有豐富的感受性，對於她纖細的心情有敏感的反應，是個心思縝密的男人，再者，對於因為結婚而中斷了對詩歌的喜愛的法蘭蔡思嘉來說，羅勃對詩的理解及感動的特質是一大魅力。第三，與他的性關係不同於丈夫，能夠滿足感官上的享樂。

法蘭蔡思嘉並不是被農人的丈夫所吸引而結婚，而是因爲理查曾在第二次大戰時以盟軍的身份在她的故鄉作戰而結緣的，當時的她只有二十五歲。

但是自從脱下戎裝，成爲一名農夫後，他空有柔情，卻與她的興趣格格不入，他們平常交談的都是現實的話題，不是明天的天氣、農產品的價格，就是街坊鄰居的婚喪喜慶、運動競賽……之類的內容，至於藝術與夢想則連邊都沾不上，就如她所說的：「雖然對這種互無交集的生活有所反感，卻又被它緊緊纏繞。」結果就只好在這個既無情色，也無浪漫的鄉村日復一日地過著無聊的日子。沒想到竟然出現一位與自己丈夫截然不同、又與其趣味相投的男子，雙方激出愛的火花是意料之中的事。

羅勃擁有一張野性的臉孔、高眺的身材，雖然瘦了點，卻又不失結實與魁梧，如此的外形常讓人聯想到在美國西部片中出現的流浪漢。

法蘭蔡思嘉對他的身體及每一塊肌肉都感到强烈的吸引力，可能是具備這樣的肉體特質的男性可以激起女性的古皮質層的感受力。

由此可知，女性的外遇願望正是自己的另一半的男性無法滿足自己的表示。當然，每個人對「不平凡」的定義各不相同，滿足度也高低不一。

因此，女性外遇之動機乃是身旁的另一半使她產生了欲求無法滿足的感覺，縱使在經濟上過著不虞匱乏的日子，乍看之下是幸福的婚姻生活，甚至自己的丈夫是多麼地忠厚老實，女性仍然照常外遇。

另一項動機是希望得到享受性愛的快樂。想獲得性的滿足是當然的慾望，可是有時卻因而挖掘出渴望嘗試其他種性愛的念頭。

例如：平常吃慣了大魚大肉，一旦換吃便當或是速食，便會感到前所未有的新鮮感。再者，偶然在電視上看到「大廚師」的節目，並介紹了道場六三郎及周富德的廚藝相當出色，許多人吃了之後還想再度光臨。同理，在性愛上食髓知味後心情就無法再保持清靜了，因爲今日的社會不斷地在發出挑逗性的醒覺的訊息。

第三項動機則是因爲自己的丈夫或性伴侶的屬性，諸如外貌、體力或個性上的乏善可陳。

第四個理由則是性的日常性（與生俱來）並非日常性（後天衍生）的問題。性在生殖的觀點上是極其自然，而且是日常性的行爲，但是若是爲了追求性的快樂，就是屬於非日常性的行爲。

能夠達成如此願望的人必須是聽不見其聲音，看不見其外貌、無法捉摸，像神祇那般尊貴之人，亦要是力量與神秘性兼備的超人。

的確，羅勃除了有性的魅力外，也有著旁人難以望其項背的浪人的神秘氣質。就如同法蘭蔡思嘉被羅勃深深地吸引那樣，許多女人之所以選擇與自己丈夫完全不同型的外遇對象，都是因爲她在那位男子的身上找到了非日常性的魅力。

前述的《麥迪遜之橋》亦有如此之情景。

同樣是下廚的場景，法蘭蔡思嘉爲了素食的羅勃而從屋前的菜圃摘採紅蘿蔔、荷蘭芹、荷蘭防風草、洋蔥及蕪菁來燉湯。

待兩人坐定位置後，她說：「這真是一桌寧靜的菜餚啊！這些料理在上桌之前的食物連鎖中，都嗅不出其對暴力的影響。」對於經常煮食排骨、牛肉或滷肉的法蘭蔡思嘉來說，與羅勃的這一餐讓她深深感到不同於平常生活的非日常性。

而且她還刻意開車到六十公里外的戴樸因鎮去購買丈夫很少喝的酒，這一切的舉動都是爲了羅勃。作者華納在寫作上都經過精心雕琢，事實上，女性不是就在心中的某處探尋非現實的狀況嗎？

男女心態定律——偷情

男人尋求「好聚好散」的女人偷情

●只要是女性就可以的偷情男子是因為幼兒期的情慾抑制學習不良
●用情不專的偷情男子是無意識地在尋求母親
●男人偷情是為了留自己的遺傳因子所行的生存策略

◉偷情是男人的「專利」呢?

話說「拈花惹草的男人求長莖」，可見得偷情被視爲是男性的「專利」，也使得女性被當成是附屬於男人的時代及文化產品。

日本曾經有一段時期可以半公開地上「小公館」或是養小妾，妻妾的多寡甚至還成爲象徵男性的某種地位。

當然，能夠妻妾成群的男人必須極爲富裕，或者是在性能力上超出常人，以及可以用花言巧語騙取芳心的男性，前述之說法即是建立在這樣的基礎上。

但是時至今日，似乎不用多金，不用長莖的男人也可以從容地偷情。無可否認，目前的社會中不乏吃了閉門羹卻仍然不知悔改，並且繼續捻花惹草的男人。

因此，一般大多認爲男性比女性更「多婚性」，果真如此嗎？

首先我們要站在男女平等主義的立場來說明，有一種想法認爲這是因爲男女的「性別（gender）」不同所致。「性別」這個名詞與我們過去用在男性、女性的生物學的「性（sex）」不同，性別的意思是用於「性別不同的角色畫分」。

我們都知道，人類的染色體共有四十六條，並且兩兩成雙配對，配對染色體編有一至二十三的序號，而第二十三對的性染色體就是決定性別的染色體。

男性的性染色體是XY，女性則是XX，由它們的不同而產生了男女的性別差異，這一項決定是在卵子與精子結合的那一瞬間就發生了。雖然卵子只有X染色體，但是如果在受精時遇上了Y染色體，結果就會變成了XY，若是遇上X染色體，結果就得到XX。

以男女構造而言，男性有精囊，女性有卵巢，分別由這兩個地方分泌男性荷爾蒙及女性荷爾蒙，並且形成外性器與乳房等的男女的身體特徵。

男女的不同就是以生物學的「性」的不同而決定，不過，人類在成長過程中，後天的社會、文化對男女不同的角色期盼亦是決定因素之一。

因爲「性」的不同而被社會賦予「男子漢大丈夫」，或「女孩子含蓄溫柔」的角色期盼，所形成的「性別」則稱爲「gender」，它與家庭、社會環境及文化因素有很大的關係。

法國的思想家賽門·杜·薄芙娃所寫的《第二性》中有一句名言：「女性並非生爲女性，而是長成女性。」這句話正好表達了sex與gender的差別。

女性除了有懷孕、生產的生理角色外，尚且被分派養兒育女的性別任務，不僅如此，女性不論是在家裡或是社會中，都被灌輸女人要細心體貼，婚後要當一位貞淑的妻子，幫忙夫婿持家……的道德感、價值觀。

結果女性就被這些貞節、賢妻良母的價值標準給深深地束縛住，自古以來，社會便對女人的紅杏出牆施予殘酷的處罰，對男性的處處風流卻睜一隻眼、閉一隻眼，如此的差別待遇，即是由於這種傾向所引起。

站在男女平等主義的立場來說，其實不分男女都有多婚性，只是因爲有性別的角色期待，才使女性變得貞淑。

結果就因此產生「拈花惹草的男人求長莖」之類的肯定男人偷情的話，使得女性不得不靜靜地待在家中，等候他的回來。

◉男人的偷情有兩種類型

但是最近男女兩性的看法有了改變，例如有些年輕女性與有婦之夫的中年男人的偷情，及乍看之下過著幸福生活的有夫之婦與年輕的單身漢的婚外情等。

由此可見，事實上偷情的女性也不少，如果將懷孕、生產除外，女性與男性一樣都有多婚性。

以歷史爲例，俄國女皇凱薩琳（與以Potimukin爲首的衆多男人有過關係）及中國的武則天（追求男人的巨陽）等的女强人，亦看得出這方面的傾向，可見女性只要有權有勢也可以多婚。

下面就來詳細說明到底那一性的多婚性强。首先以男性的角度分析其偷情的心理。

就心理學的看法而言，男性的偷情可分爲卡查諾巴型與唐璜型。

卡查諾巴型的人對於任何女性都想一親芳澤，於是就輾轉沈淪於不斷換女人的生活中，很像義大利的小說家卡查諾巴，在他的一生中，上至貴婦人，下至女僕人，都與其有過關係，並且以同性戀而聞名當世。

另一方面，唐璜型的男人是以莫札特的歌劇「唐喬望尼」的男主角爲名，他是一名好色放盪的虛構人物，後來便轉爲獵豔高手的代名詞。這種類型的男人心腸冷酷，爲了尋求理想中的女人，而一次又一次拋棄女人，結果是所有所有的對象都無法滿足他。

《源氏物語》中的光源氏即是典型的唐璜型，他的母親名叫桐壺更衣，是一個美麗的女人，但是在他三歲時就死了，因此他的腦中常浮現桐壺更衣的容顏。

在母親死後不久，皇帝的寵妾藤壺就成了他戀慕的對象，雖然容貌與桐壺神似的藤壺使他迷戀，卻無法與她永續地結合。

由於對藤壺的愛戀百般受阻，造成他開始走向無止境的女性閱歷，他把貌似藤壺的小女孩紫上（藤壺的姪女）像綁架幼童般地將其強行帶回自己的宅邸，原因不外乎是他在她身上看到了藤壺的影子。

光源氏並且將七、八歲大的紫上妝扮成自己喜歡的女性，很像電影「窈窕淑女」或是由蕭伯納原著的《pyknclepsy》中的教授對奥黛麗·赫本的對待女兒的角色。

但是，他卻與年長的妻子葵上相敬如「冰」，這可能是因爲他們的結合是政治婚姻造成的，他對於葵上沒有一絲感情。

於是，光源氏便一個接一個地到處找女人，究其原因，大概將自己幼年即死的母親的愛慕「投影」在現實女性的身上。也就是說他幼年時存在腦中的母親意象，一部分地發洩在各個女性的身上，以此來追求對母親幻影的未竟之夢。

也許光源氏的行徑就是所有男人的理想，原來男人是很自私的，他們一直在尋求「好聚好散」的女人，亦即在男人的心中，理想的女性應該是偷吃（sex）之後又不會拖泥帶水，並且會時時想念自己，這樣才是好對象。

但是，真要找到這一型的女人談何容易，說不定就是因爲如此而使得男人陷入偷情的深淵中不能自拔。

根據佛洛依德的理論，人類在幼兒期就有性的欲求，這樣的心理並且成爲長大成人後性慾的一環。三～六歲的小孩對於最親近的異性——男孩子是母親，女孩子是父親——會有強烈的情愛感。

男孩子一方面將自己的母親視爲戀愛的對象而想獨占，另一方面則把父親當成情敵，產生濃厚的敵對意識，可是他也愛父親，所以才有害怕被去勢以作爲報復的恐懼感，這就是「戀母情結」。

等到戀母情結成立後，男孩子會無意識地認爲雖然不能獨占母親、取代父親，可是將來一定要成爲像父親那樣的男人，得到母親那樣的女人。

男孩子必須經過壓抑對父親的敵意，以及自己也當變成父親那樣的男人的「認同化」

後，才能克服戀母情結。

女孩子的情況則是「戀父情結」，與男孩子的情況恰好相反，她對於父親有性愛感，對母親則懷有敵意，克服的方法也是經由對母親的敵意壓抑以及對母親的認同化。

每個人都是藉由戀母情結（戀父情結）的成立或是文化、教育來學習性慾的抑制，如果學習情況不良，就會變成卡查諾巴型的偷情男子。

◉主宰人類行為的遺傳因子

關於爲什麼有許多男人喜歡偷情的理由，生物學上有一項頗受肯定的說法，而且不單限於人類，從哺乳類至細菌的動物行爲都有這樣脈絡可循的模式。

包含人類的動物行爲研究學問稱爲比較行爲學（ethology），而以遺傳因子的階層來說明動物的行爲或社會形成的機制，便是社會生物學。

依據最新的社會生物學觀點，認爲人類的行動是受到遺傳因子的支配，人類擁有的遺傳因子DNA（去氧核醣核酸deoxyribonucleicacid）會在遺傳中引導個體，使自己繼續生存，避免採取不合理的行動。

讀者諸君可能記得在高中生物課時，學過所謂的DNA就是由兩條細長的螺旋狀物體交纏在一起所組成，其上有四種鹼相互連結（A：腺嘌呤 adenin，G：鳥嘌呤 guanine，C：胞嘧啶 cytosine，T：胸腺嘧啶 thymine）而成。

它與超級市場中的商品及雜誌書刊上的條碼極類似，條碼就是透過粗細不同的線條的排列組合，經由電腦掃瞄後即可解讀其所蘊涵的資訊的一種符號，DNA亦是以四種鹼的排列來決定遺傳訊息。

以人類為首，地球上所有的生物都有DNA，即使是開在路旁的野花或是大腸菌、草履蟲都有DNA存在其中，並且擔任遺傳資訊的傳遞工作。

自從AIDS的病原被發現後，大家也都熱悉了它的性質，濾過性病毒亦是由DNA所構成的單純生命體，但是因為它只有遺傳資訊，卻沒有能夠活用它的原形質，為了繼續生存下去，因此便利用寄生在其他的生物細胞的方式來增生。

由史蒂芬史匹柏所導演的電影「侏羅紀公園」，故事內容是說科學家經由採取一隻曾在數萬年前吸過恐龍血的蚊子（吸血後的蚊子被封閉在琥珀中）的血液，並由其中取得恐龍的DNA，結果恐龍就在現代復活了。

影片中有一幕以青蛙的DNA補足恐龍的DNA所缺少的部分，而且改以鱷魚蛋為孵化場所，可見DNA若是少了細胞這樣的「容器」，就無法活用其所包含的訊息了。

在DNA四周僅只形成一個細胞的就是細菌，隨著生物由單細胞進化到多細胞生物，細胞的數目會逐漸增加。以人類爲例，據說精子與卵子受精後會形成一個叫受精卵的細胞，待其分裂成長後，細胞的數目會高達六十兆個。

DNA就存在這些細胞中，每個細胞都負有傳遞資訊的任務，以便完整發揮下達機能的「司令台」工作。

人類的皮膚細胞大約每半年換新一次，它們都是受到DNA的命令而新生、死滅，也就是DNA才是生命的本體，人類生存所需要的資訊都輸入其中，成爲循環不息的程式。

◉母親為子女而犧牲也都是希望維持遺傳因子的永續性

首次將動物行爲的遺傳因子之階層體系化的是美國的昆蟲學家愛德華·O·威爾遜，他在一九七五年出版了《Sociobiology（社會生物學）》（伊藤嘉編譯，思索社刊出版），由於此書的出現而使得社會生物學立刻受到注目，社會生物學的名稱便是由此而來。

他曾經主張核心利他主義（Hard Core Alliturism）的學說，根據以前達爾文、史賓塞的生物學的論點，認爲生物爲了在生存競爭中存活，即使犧牲其他個體也在所不惜，但是事實顯示，動物爲了使自己所屬的團體能夠繼續延續，也可能以犧牲自己的生命來達成目的。

因此，核心利他主義在乍看之下似乎不像靠理性就能夠完成的，而是經由遺傳因子的指揮而行動的。他認爲遺傳因子的目的，就是爲了永保遺傳因子本身的永續性，而非「軀體」的永續性，所以爲了傳結遺傳因子，必要時可以犧牲自己。

例如，在火災或地震時，常可以見到母親懷抱子女而死的景象。爲母者之所以會有如此的行爲，主要目的是希望繼承了自己的遺傳因子的小孩子能夠繼續生存下去，因此才採取犧牲自己，保護子女的作法。

西元一九九五年一月，在哥倫比亞北部的一次飛機空難中，唯一奇跡生還的小女孩是她的母親在飛機燃燒爆炸的前一刻將她拋出飛機外，才使得她大難不死。由此可知，母親往往會在緊要關頭，做出超乎常人預料之外的行爲。

這樣的說法以生物學的觀點而言非常有理，並且也極受肯定。

染色體的遺傳資訊分別由父親、母親製造各半，精子在與卵子結合成受精卵後，精子的鞭毛及其他部分便會消失不見，可見得精子的任務只是爲了傳遞遺傳訊息而已。

另一方面，扮演傳送能源給細胞的原漿小體，只從母親那方面傳給受精卵中的胎兒，其中就將含有製造能源所需的資訊，傳給原漿小體的ＤＮＡ，這種ＤＮＡ在細胞分裂之時也同時增生，稱爲體細胞遺傳。

再者，胎兒在母親體內一邊吸收營養，一邊成長，因此承受了更多的母親部分。卵子與精子結合後形成一個受精卵，進而發展成胎兒，不過受精卵原本只是精子沾上稱爲母親細胞的卵子而成，就生物基礎而言是母性的，所以母親才會不顧自己的安危，一心一意只想保護小孩。

今日的女權主義論客，認爲母性的本能也只不過是由文化所造成的，他們覺得强調母性本能是一種陰謀，目的是爲了要妨礙女性向社會進軍。可是，母親對子女的親情也不能只視爲是經由人類文化而逼出的性別角色行動而已。

即使是沒有文化的動物亦是多由雌性養育子女，雖然其中有例外之例，但是接近人類的哺乳類動物中，由雄性協助撫養下一代的動物仍舊少見也是事實。

貓雖然是相當高等的哺乳動物，但是雄貓對於養育小貓的工作幾乎沾不上邊，有的人說這是因爲人類寵壞了牠們，可是同屬貓科的雄獅也不插手育子的工作。

由此可知，母親對子女的用情甚深，不單只是被派予養育的角色，而且是因爲小孩子們所繼承的遺傳因子比較接近自己。

一旦遇到自己或繼承自己遺傳因子的子女，二者擇一生存的關頭，與其讓來日不多的自己存活，倒不如讓擁有自己遺傳因子的孩子留下來，因爲這樣的決定對於種的保存更有利，所以爲母者才會犧牲自己，保全小孩。

◉「愛」是遺傳因子的命令行為

不過，並非只有母親才會犧牲，只要是擁有類似或相同的DNA的親子或兄弟姊妹間，常會有互相幫助而採取犧牲行爲之現象。

諸如此類的行動，不僅限於人類，其他的生物，例如，螞蟻以及蜜蜂都是屬於由蟻（蜂）后生產幼蟲而形成一集團的昆蟲，女王之外的成員都充滿了犧牲精神。

以蜜蜂爲例，雖然蜂后之外的母蜂並不生育小蜂，但牠們卻終日忙碌於照顧蜂后生下的幼蟲。

再看看螞蟻，當牠們要橫越如亞馬遜河那般寬的水流時，成員們會以自己的身體一個接一個地連成橋樑，讓其他同伴能夠安全渡河，當任務達成了，架橋的螞蟻也大多功成身亡了。

就算是動物，也都會群策群力地爲子女、家族而效勞、犧牲，對血親如此，對族群亦是如此，牠們之所以有這樣的行爲，目的不外乎是爲了讓與自己有相同遺傳因子的其他伙伴能夠繼續生存，使自己的種族不至於絕滅，這一切都是受遺傳因子支配的行動。

但是換了人類的情形，因爲人類在某階段已形成了文化觀念，所以不只要顧及本能的因素，其餘的原因亦須列入考慮，再者，人類除了有文化、語言，尚且有將事物抽象化、概念化的能力，因此更萌生了自我意識。

之後，經由不斷地拓展，形成了各種概念，較之其他動物，唯有人類成功地分離了生殖與性之間的關係，於是自己的犧牲對象，也就慢慢凝聚成抽象的「家」的概念。

江户時代初期的武士「切腹」即是最佳的例子，在當時，如果國君死了，在他生前受其照顧的臣子就必須切腹自盡。處於那種以死表達忠君的時代，切腹被視爲理所當然之事。

切腹除了表示至忠至誠的精神外，他們也希望藉由這種忠誠態度的證明，可以使自己的家族受到優渥的待遇。被認爲是武士道精神的教科書《葉隱》之作者山本常朝，形容這種行爲是「商業切腹」，仔細想想，的確是有此可能。

有些家族的成員雖然没有血緣關係，卻仍然會產生所謂的「忠誠」，於是入贅的女婿對岳家盡忠……的忠誠心便於焉形成。

可是到了第二次大戰後，日本政府制訂的新民法中，只承認有血緣關係的人才是同一家族，結果「忠孝」的觀念喪失，有的公司反被其一手栽培，並助其自立門户的職員，反客爲主地謀奪了自己的產業，採取世襲制度的公司也出現了兄弟鬩牆的情況，或者是經營者的未亡人爲讓自己的兒子統御全部企業，於是便將姻親及姪甥們一一逐出門外。

從前的松坂屋、平和中小企業銀行及最近的角川書店、富士產經集團，都是因爲家族內的紛爭而使得世襲制度瓦解的企業。站在DNA的立場來說明，可以解釋這些情況皆是因爲「家」的觀念消失了，在小家族中的經營者的行動往回走，改依遺傳因子的本能行動之結果。

也就是說，現在的人不再像從前那樣爲了維護「家」的概念、爲了顧及族群利益而自我犧牲，或者是眼見自己的兒子没有經營者的器度，就從同族或員工中另選有才能的人過繼爲養子，將之訓練爲接班人，這一切的美德都没有了，結果只好改以遺傳因子的指示，進行留下自己的遺傳因子的行動。

日本人在第二次大戰後開始尋求脫離生殖目的的性存在，之後便以「愛」取代了「忠孝」的概念，這裡所說的「愛」，逐漸發展遺傳因子的水準，在不斷拓展後，就與種族愛、民族愛、人類愛慢慢融爲一體，甚至更進而擴大到了對地球上所有DNA型染色體的生物之愛。

從濾過性病毒到人類，地球上全部都是DNA型的生物，亦即「愛」的對象已經將大家融合成大溶爐中的一分子，再者，DNA經過再合成所形成的遺傳資訊是極其獨特的現象，並非隨處可見，由此看來，人類之所以對動物、植物都有感覺，一切的理由就在因爲DNA的連帶感所造成的。

◉男人偷情是遺傳因子的生存策略

這種方式的極端例子是由理查·杜金斯所提倡的「自私的遺傳因子」之想法。他在《The Selfish Gene》（日高敏隆譯爲「自私的遺傳因子」，紀伊國屋書局出版）的著作中批評威爾遜的說法，理查認爲DNA遺傳因子是非常自私自利的。

生物個體生存的目的即是爲了遺傳因子的生存，以人類爲首，所有生活的生命活動都是希望能留下完整具有遺傳資訊的DNA，或是能像影印機那樣複製出更多相同的遺傳因子。

我們如果能用遺傳因子的理論爲思考前提，男性偷情的理由就比較容易說明了。一個男性爲了儘量留下自己的遺傳因子，最有效的策略便是向更多的女性種植自己的DNA。

縱使女性對象有A、B、C、D之異，但是男性（E）的遺傳資訊也只會變成E、

E^{I}、E^{II}、E^{III}而留下，亦即自己的遺傳因子副本存留的可能性是均等的，所以女性的對象愈多愈好。如果只有一位，萬一她與小孩因故身亡，自己的遺傳因子就沒了，爲了降低風險，只好走上偷情這條路。

換句話說，男人的偷情是爲了留下自己的遺傳因子，站在遺傳因子生存策略的觀點來看，男人偷情也是合理之事。

衆所周知，人類以外的動物現象是，群體中的最具力量的雄性會將同性趕出自己的勢力範圍外，然後把自己的DNA種植在雌性身上，海豹即是典型例子。力量最大的雄海豹會吸引許多雌海豹在身旁服侍自己，然後就如後宮妻妾般地一個接一個交配。

另一方面，換了女性的情形，她從A、B、C、D四個男性獲得遺傳因子或是由一個男性獲得四次遺傳因子的機率是相同的，遺傳因子的生存策略的這兩種情況下不會有機率上的差異。

再說，女人一生中能生下的小孩之數量有限，所以女性紅杏出牆的優點比較少。不過，也有的情況是因爲女人對外發展而提高了遺傳因子生存的機率，例如已有的子女體弱多病、丈夫無謀生能力或是個性粗暴、冷酷、缺乏社會適應力等，紅杏出牆或許可以增加自己的遺傳因子的傳布。

因爲體質脆弱的小孩很容易染病而死；無謀生能力的丈夫即使有了子女，也是難以教養；欠缺社會適應力的丈夫，亦可能使自己的孩子生存受威脅。

這些男性站在個體維護及種族生存的觀點來說，都不是「擇偶行爲」理想的對象，因此女性爲了生存上的理由，只得另尋他人了。

唾棄一無是處的丈夫而投入其他男性懷中的女人，常成爲文學作品描繪的主角，這就遺傳因子而言，也是十分有理的。

◉偷情也有「風險保障」的含意

既然生物的本性如此，爲何還會形成一夫一妻制的婚姻制度呢？

一方面是因爲一夫一妻制的規定有著公平分配配偶的優點，不過這項優點也是近來之事，例如，深澤七郎的小說《東北的神武》即是描寫老二、老三因無法結婚，便對外貌不加整理而得了神武天皇的綽號，不過這只是故事而已。

根據猜測，這可能是因爲在明治中期，排行老二、老三的男孩，一輩子都結不成婚的人很多，原因或許在於部屋住的餘風（從鎌倉時代末期至江户時代，封建武士間由嫡長子單獨繼承家業的制度很發達，次男以下無法正式結婚，只能寄住於大哥門下之情況），因爲沒有財產繼承權，沒有錢也就有扶養能力，更遑論成家了，只好一輩子都靠父親、長兄來過日子。

目前在某些開發中國家，有些地區尚存在因爲無法備足聘金——七匹馬或五頭豬——而無法結婚的男人。

日本，像現在這樣男女平等，可期盼擁有自己的配偶是第二次大戰後的事。

一般而言，人類以外的動物也都有「交配」情形，牠們這些行動都是爲了生殖所進行的擇偶行爲。

就實際情況而言，哺乳類動物能夠與單一的配偶維持長期的一夫一妻關係是少之又少，不過還是有例外的例子，像是只有在旺季才會交配的雌狐，在生產、哺育小狐的這段期間，身爲「丈夫」的雄狐會勤快地覓食，並帶回巢中供母狐、小狐食用。

除了狐之外，知更鳥也採用一夫一妻制的生活方式，尤其是剛出生的雛鳥比哺乳類的新生兒更軟弱無力，雌鳥必須保護雛鳥，以免受到敵人的攻擊，根本無暇找食物，所以雄鳥要拚命地協助撫養雛鳥，直到牠們離巢爲止。

人類初生的嬰兒也像鳥一樣要授乳，並且處理排泄物，如果採行一夫一妻制，這樣的關係便能夠順利進行。也就是說由於認爲小孩是自己遺傳因子的翻版，所以雄性的動物會積極找尋食物，對於遺傳因子的生存裨益就大得多了。

另一方面，婚姻制度與私有財產制亦極有關係，如前所述，女性能夠確知自己的小孩繼承了自己的ＮＤＡ，但是換作男性，結果就很難保證了。

因此，以男性的觀點而言，他們很想將自己的財產貼上ＤＮＡ的條碼，以便正確地交出遺產，亦即他們希望子女所擁有的ＤＮＡ是他的，繼承財產才有道理。男人之所以要求女人貞節的原因即在於此。

不過，因爲一夫一妻的制度是依靠數個條件來維持，一旦條件有了變化，關係也就隨之崩潰了。

站在男性的情況來看，自己雖然沒有提供食物養育子女，小孩子卻也順順利利地成長，便猜測是由於妻子非常能幹所致，所以他就安心地向外發展，處處拈花惹草。

從另一個角度來看，女性情況也是如此，假若沒有男性的庇護，亦即不需要男人的食物供應，自己卻也是可以養活小孩，她也會變得多婚性。女性的多婚性雖然不如男性來得明顯，可是如果不加以遏止，一樣會發展其多婚性。

另外還有一種是育有子女的舞女所採行的策略，她爲了改善供養子女的效率，就分別從Ａ、Ｂ、Ｃ、Ｄ的火山孝子身上獲得食物來源，提供給擁有自己遺傳因子的小孩，這樣的作法等於是爲自己的孩子買了保險，如果A死了就換B，B逃走了就換C，C惹人厭就換D，如此生生不息地循環。

以遺傳因子的生存情況而言，無論想留下强健的個體或是美麗的個體，全部都必須依靠對方的條件而定，所以「偷情」含有「風險保障」的意味。不過，這樣的行爲已經與生殖目的一分爲二，而且這也是現代性愛的特徵。

男女心態定律——戀母情結

隨著女性不斷地向社會進軍 懷有戀母情結的男性也持續增加

●愈是父親存在感薄弱的家庭，愈容易產生戀母情結的男性
●男人的潛意識中都自認為「我就是母親的男人」

◉每一位男性都有戀母情結

近來，「戀母情結」的男性增加已經成爲女性雜誌的熱門話題，而「成田離婚」即是其結論，所謂的成田離婚即是說一對新婚夫妻出發蜜月旅行，卻無法在初夜與新婚之妻行周公之禮，爲了這項原因，回到成田機場便立刻辦理離婚，結論認爲這多半是因爲新郎有戀母情結。

可是，就精神醫學的立場而言，世界上的所有男性幾乎沒有一個不具備戀母情結。一般的情況是他在孩提時與母親擁有正常關係的生活，心靈深處產生了對母親的執著（深深

的戀慕）。

你無法像中世紀的女巫狩那樣以「戀母情結」四個字就期望能夠和它一刀兩斷，這就某種涵意來說是一件相當可怕的事。我們應該要認識，在這種風潮的背後所存在的現代社會狀況。

通常，男性在接觸女性時，心靈某處經常會築起自己的母親影像。最近的年輕女性就針對此點，以一句「戀母情結」簡單地唾棄了他。究其原因，乃是因爲女性認爲男女應該對等互助、平均分擔家事的心態增加所致，她們不願意男人太依賴自己，相反的也不希望自己過於依賴男人。

存有這些想法的女性，一旦發現男性的依賴心過重，便會想辦法向他施壓，逼迫其自立。

在這種情況下，男性就必須尋找一個與自己成熟度相當的另一半共同生活。話雖如此，男性通常在幼小時會認爲自己雖然無法像父親那樣獲得母親，卻非常渴望將來能夠成爲父親那般的男人，得到母親那樣的女人，這就是佛洛依德所說的「親母反父傾向」。

有了這種藏在內心深處的想法，男孩子才會以父親爲目標，形成有男子氣概的自我，然後不斷地尋覓像母親那樣的女性。因此，一般的男性會自然而然或者從衆多的可能性中選上具有母親意象的女性。例如現在日本的皇太子，所選擇的太子妃雅子的臉部輪廓，即與美智子皇后極爲相似，不少人也都持相同看法。

◉男性容易厭煩對自己百依百順的女人

也不知道爲什麼會這樣，但是有很多的男性常常會對百依百順的女人感到厭惡。

說到「百依百順」就令人立刻聯想到護士。醫院的護士之所以受到男性病患的歡迎，理由有下列兩項。

第一，因爲醫院的環境與小孩依存母親的環境相同，剛住院時的狀態就像睡在襁褓中的嬰孩一樣，手術結束後便由護士細心照顧，時而在口中插入管子，時而以湯匙餵食湯汁。

夏目漱石曾在《修善寺日記》中描寫有一次他因爲胃潰瘍咯血而住院，受到護士照顧之狀況，他說，當護士一口一口地餵他吃稀飯時，他好像變成一隻張口等待母鳥餵食的雛鳥。

也就是說成年人呈現無力狀態時，就退化到了與小孩子相同的狀態。小孩子向來就需要母親的哄騙、照顧。因此便會將母親的影像投影在護士身上，而且護士又是那麼地年輕，很容易地就和母親年輕時的樣子重疊在一起了。

另一項理由是護士所穿著的制服。一般而言，制服可以使女性看來漂亮。說來奇怪，身著制服的女性是那麼地不易親近，也就是說制服具有使女性無性化、中性化的作用。最好的例子即是水手（Sailor）服。水手服原本是水兵的服裝，是女子自衛隊及女警官的制服，與軍裝並無二致。

因爲護士這項職業是由基督教教會中修女的工作延伸下來的，天使便成爲其服裝模仿的對象。

如此看來，空中小姐的制服即有了有趣的變遷，她們從前的制服與軍裝極爲相近，最近則又不斷地接近女侍者的服裝。

對空中小姐來說，以前類似軍裝的制服比較受男性的歡迎，因爲經由制服所帶來的無性化、中性化，使得他們有了「不易親近」的印象，而愈是如此，愈加刺激了男性想將之擄獲的心情。

如同十九世紀的法國戲劇「大鼻子情聖」，劇中的男主角在其表妹仍是修女時並不敢染指；唐詰軻德暗戀修女可能也是因爲她身著制服之故。

這種情況與日本很雷同，從平安時代末期至江户時代爲止，有的娼妓故意打扮成尼姑的樣子，因爲如此的喬裝有利於吸引男裝。原來男人一見到無性化、中性化的不易親近的女性，心中就會湧起使對方脫下制服的征服慾。

此外，在大庭廣衆下以制服之姿出現的人，即是象徵她是千萬人的共有物，於是就燃起她將這個千萬人的共有物據爲己有的獨占慾，這樣的心態是男性特有的。相對的，穿著制服的女性看起來是那麼的美，這也是護士吸引男性的因素之一。

護士既然有如此的魅力，又能夠在現實中實現讓男性回到幼兒時代受母親照顧的願望，不吃香才是怪事。

但是除了住院之外，就無法享有滿足這種願望的機會，爲了因應如此的心理，最近就有人開了「風俗之家」，讓顧客出錢達成心願。在這種商店中有年輕的女子服侍在旁，替打扮成嬰兒、吸奶瓶的客人提供仔細的照顧。

不過，一般的男孩到了青春期就會開始對母親的事事叮嚀感到厭煩，那是因爲他自認爲身爲男性就應當自立，可是母親卻終日嘮叨地照顧，於是容格所說的「Great Mother」的意象就浮升上來，使他想要逃避。

「Great Mother」應該譯成「大母」，這種意象會與生下自己，宛如母親般的大地重合在一起；相反地卻也產生了大地會吞噬自己的意象而心生恐懼，深怕自己會被吞食就消失不見了，有時則以妖女或巫婆的外形出現。

在工作場所中，有些男士會受到年長或年輕的女同事無微不至的照顧，但是他卻覺得她很囉嗦的原因即在於此。很多男人其實認爲與愛慕自己的女同事結婚可以獲得最大幸福，但是卻覺得這種幸福不易獲得，反倒是美麗卻高傲的女人比較有吸引力，原因在於他把青春期時的母親的感情投影在女同事的身上所致。

男性在生病住院、工作受挫、車禍受傷之類的情形下，會退回幼兒時期的心理狀態，如果恰好遇到那種母性型的女性來探病，或是在一旁細心的照料，他的心就輕易地被她抓住了。

反過來說，身爲母性型的女性如果有心儀的對象，好好把握這個機會，成功率會增加不少。

◉何謂如假包換的「戀母情結男人」？

說到「戀母情結」，最近有許多女性眼見著自己的丈夫或情人在很普遍的侍親至孝或對母親存有普通的感情時，卻還大罵「戀母情結」。

理由之一是進入高齡化社會後，母親的年齡也相對的年輕化，萬一同處於一個屋簷下的兩個女人，因一個男人而關係緊張，難免會產生三角問題，在這種情形下，兩個女人的相處是如同水火，互相憎恨對方是很理所當然的事。

另一個理由就是在爭奪勢力範圍的人類社會中，勢力範圍與排名制是必然存在的現象，再加上女性也在最近走入社會，所以女性與男性一樣都擁有這些觀念。一般來說，男人是生活在爭勢力、搶排名的環境中，在這種情緒下，回到家中就不想再理會勢力與排名的問題了。

以簡單的比喻來說明：男人在外是一隻狗，回家是一隻貓，女人則恰好相反，她在外是一隻貓，回家是一隻狗。說女性在外是貓的原因，是因爲女職員在公司中所擔任的職務都是一般性的，除非是進行總體戰，否則很少會被捲入男性社會中搶奪排名的漩渦。通常她都是以客觀的心態，來看待男性在排名制及勢力範圍的爭奪之姿。

男性回到家中若是不按照固有觀念，對自己排名的前後置之不理，便會吃了母親與妻子的虧，因爲這兩個女人從晚餐的菜單到每個月薪水的使用權，都繞著排名制及勢力範圍在爭鬥，即使是只與丈夫、子女共同生活的小家庭，女性對這些事情依然比較敏感，所以說女人在家中是一隻狗。

在這種排名制的爭奪戰中，按照以往的觀念，媳婦凡事都應當遵從婆婆的指示，因此婆婆佔了絶對的優勢，而且社會觀念也認爲能夠將家庭管理得井井有條，使媳婦侍奉公婆才是正確的做法，如果做不到，這樣的男人是見不得人、怕老婆的小丈夫。

但是這種觀念在今日已經不復存在，現在年輕女性批評男人的口頭禪就是「戀母情結」。

所謂的「戀母情結男人」是在性別角色畫分的過程中產生的。一般而言，在適度的形成「親母反父傾向」時，男生會壓抑自己雖然不能取代父親而獨占母親，但是長大後要成爲像父親那樣的男人，得到像母親那樣的女人的想法。

根據佛洛依德的説明，如果一個人「親母反父傾向」太過强烈，他就不再與父親爭奪母親，而採取閹割自己，使自己與母親同化，成爲男同性戀者。就算没有成爲男同性戀者，也會變爲軟弱無力的娘娘腔。

的確，有的兒子遇到非常暴力的父親，也會變成無藥可救的娘娘腔男人。在這種情形下，身爲父親的個性如果過於强悍，會使得兒子的「親母反父傾向」更加强化，結果就以自我去勢來落幕。

既然如此，最近的父親權威已經走到日落西山的地步，「戀母情結男人」卻反而增加，真是令人丈二金剛摸不著頭腦了。對於這種現象，我個人有下列淺見：

因爲父親的影響力薄弱才變成「變母情結男人」的理由有二：第一，即使是像朋友般的父親還是有其影響力的，不過另一項影響是造成這種父親的社會結構變遷。

從前，百分之六十五的日本人是農民，此外尚有不少的漁民、商店老闆，從事這些行業的父親大多整年待在家中，因此對兒子來說，父親更是兼具了雇主及老師兩種身分。

可是時至今日，幾乎所有的父親都服務於第二、三級產業，父親對小孩子來說不再是雇主，也不是老師了，他們很難見到父親一面，父親的影響力當然減損了不少。簡而言之，因爲存在感稀薄，所以無法適度形成「親母反父傾向」。

結果，小孩子在長大成人後卻仍然保有在幼兒時期對母親的思慕感，持續擁有獨占慾。幼兒性慾的母子親密關係。

由於並未形成「親母反父傾向」，因而無法使自己與父親同化，在人格上非常脆弱、依賴心强。就是因爲一味地依侍母親，没有確立男性的自我，最後才走上了「成田離婚」的境地。

最典型的例子是發生在蜜月旅行的洞房之夜，由於母親打來的一通電話遂中斷了周公之禮，之後再也無法與妻子敦倫的模式。

像這樣的現象，縱使新郎與母親之間並無亂倫的行爲，但是在潛意識中卻會覺得「自己是母親的男人」，因此當他與其他女人發生關係時，心中會產生罪惡感，等於是說他已經被幻想中的母親閹割了，結果，從此之後就再也無法有正確的性關係，只好以離婚草草收場，這就是如假包換的「戀母情結」。

◉何謂女性的戀父情結

相對於男性的「戀母情結」，女性也有對父親執著的「戀父情結」，不過兩者間的結構並非完全的對立。

理由之一是女性說是去勢，但是她對父親的情結還不致於閹割那麼嚴重。佛洛依德指出，女性在意識到自己是女性後就知道自己已經去勢了，說她因爲羨慕男性的陰莖所以產生了「animus」是有點牽强的說法。

對女性而言，去勢的威嚇並不管用，所以不用像男性那樣需要那麼多的精力即可形成深刻的戀父情結，但是現代是女性也必須社會化、女性要與男性同化的時代。

專門研究拒學症的精神科醫生中，有人主張許多拒學的女孩子在幼兒期時對父親的影象太淡，找不到與父親同化的部分，因此形成拒學症。

的確，對於在社會中掙扎部分的技巧必須向男性學習，也就是必須向父親學習同化，想不到這一部分卻失落了。男性會有父親同化，女性的父親同化則隨著對社會的進軍而拓展，如此一來也促進了男性與母親的同化。

最近某家家電廠商推出的電視廣告是推銷可分開洗的洗衣機，這是響應不將自己的貼身衣物與父親的衣服一起洗的年輕小姐商品。女性有一段時期會覺得父親不乾淨，也有的女生絕對不進入父親洗過的浴池。

父親對於女兒這樣的舉動會感到不解，因爲在青春期以前都是一起沐浴的，現在竟然覺得自己不潔，便因爲感嘆而陷入低潮。

這種現象之所以發生，是因爲從親母反父傾向成立後至青春期，也就是在十歲之前，不論男孩或是女孩，兩者皆處於性的潛伏期。

在這段完全無性的潛伏期中，大大地推進了與母親的同化（女孩）及與父親的同化（男孩），此外，這段時期也是學習能力、運動能力、語言能力及計算能力進步最快速的時期。

俗話說「十歲是神童，十五歲是才子，過了二十歲後是凡夫俗子。」的確，人的記憶力在十歲左右最强，女孩子在這段時期是中性的天使，緊緊纏著父親不放。

一旦進入青春期，她便有了性的自覺，同時也察覺到父親的性的存在，如果父親不給她那樣的感覺會比較相安無事，不過，女兒對他有多少關心，相對的就有多少對父親性的存在的感知。

但是在我們社會中存有倫常的禁忌，尤其是在家庭中，女性比男性更忠實的服從這些規範，而且這樣的風氣一直延續至今，結果女性心中就覺得自己有性的自覺，然後在潛意識中以有色的眼光來看待父親，認爲他是不潔的，而且深怕自己心中的不潔感被人發現，所以就緊緊「壓抑」，形成了「投影」，這種心理的防衛性起作用後，會產生覺得父親極度不潔的反彈心理。

女兒透過視父親爲不潔的途徑來告訴自己說「父親對自己而言不是性的存在，我不喜歡父親」，但是，事實上這種心理的形成正是肇因於對父親的性的關心而來。

愈是消耗能量去壓抑自己愛父親的心情，愈是更增加對父親的感情，所以才認爲「父親是不乾淨的」，有時反倒會演變成更厭惡父親。

女兒有時候會埋怨「爸爸從小就虐待我」或是訴苦說「他總是罵我一無是處」、「他從來就沒有疼過我」，甚至更進一步說「他一定要我考進茶水女子大學，去接受斯巴達教育，要不然我也不會得到拒學症」。

男女心態定律——結婚

愈是輕易偷嘗禁果的女性
愈是不想結婚

●得不到安定的婚姻降低了女性的結婚意願
●生兒育女的優點消失了，女性本能的喜悅也開始減退

◉結婚沒有優點是事實

近幾年來，不婚症候群與不再執意結婚的男女與日俱增。

結婚意願强的人其實有著複雜的心理，首先，他（她）想得到一位性伴侶，如果是以逢場作戲的方式就太花錢了，而且最近又有可能染上愛滋病之類的致命性疾病之危險。

如果是男性，可以透過結婚來分擔家事，如果是女性，結婚可以獲得對方的生活費。此外，不分男性女性，DNA都會下達快快生養子女的命令。

除此之外，一般來說，不管是男是女，單身者在社會上的地位都要比已婚者低，以日

本爲例，凡是完成七夜、宮參、七五三、成人式、結婚式、葬式、還曆及古稀之禮的人，社會地位就會在無形中提昇，這樣的原因是過去的人產生結婚意願的原動力。

可是，這些條件到了現在卻有了變化，或許這就是不婚人士增加的理由。

當然，古代也有以單身爲貴的想法，例如，根據規定，從事服侍神的聖職者必須單身，其理由有二：第一，如果他與人結合，與神的結合性就會削弱。第二，一個人如果能夠控制自己的性慾，便可稱得上是一位意志力堅強的人。

雖然耶穌基督終生未娶，但是新約聖經也沒有禁止結婚的記載，不過教徒保羅曾在「給克林特人的第一封信」中說：「如耶和華所言，如果不需要結婚，就不要結婚，可是如果因爲不結婚而終日沈迷色慾，倒不如就結婚吧！一旦結了婚，就應該多子多孫，而且一旦結婚就不可以分手。」由此可知，婚姻是附有種種條件的。

也就是說人們認爲守著單身生活更能獲得神的眷顧，亦能夠得到工作順利的回報。但是，最近的宗教家都結了婚，連天主教的神父也都被允許結婚。

另一方面，不婚症候群的人之所以增加的主要因素，是因爲婚外性交、同性戀等被認爲是異態性愛的情況，在現代已經有了新的看法，並且覺得那只是嗜好不同所致。

結果，結婚是得到性的滿足的正統手段之想法漸漸地消失了。再者，過去那種女性必須依靠男性的經濟力的情況也日益減少了。最近有很多女性都有結婚後更窮、結婚使生活水準降低的看法。

每一個先進國都有因爲收入不足而使年輕男士對婚姻裹足不前的傾向。而且現代家庭大多只有一個小孩，父母有能力提供他（她）吃、住，享受高水準的生活。

可是如果結了婚，離家自立，夫妻兩人的總收入也無法提供自己在家中原有的生活水準，女性原本以爲得到了一張「長期飯票」，没想到卻事與願違。所以，爲了生活安穩而結婚的觀念已經落伍了。

此外，養兒育女不再是女性本能的喜悅了，因爲現在的教養必須按照教本一步一步的推進，隨著小家庭化，可以支撐養育子女的家人不見了，因此，生育小孩被認爲是件重大的事。

而且又有聯考競爭的影響，爲了培養子女，父母必須付出極大的投資與努力，生兒育女已經不再有過去的優點了。

最近，養兒防老，父母死後將全部財產留給子女的習慣，也隨著不扶養父母的子女增加而被拋棄，因爲養大孩子後期待他（她）能反哺父母是相當困難的。

既然如此，爲了自己的生存，與其留下子女，倒不如留下錢來得有用，所以不婚人士及DINKS（頂客族）不斷地增加。

再者，女性在生下子女後，對於職業的維持會產生障礙，如果希望能夠一方面養育小孩，一方面又不放棄如學者、職員、新聞記者之類的工作，爲了不落人後，除非付出超人的努力，或者是娘家、婆家及丈夫一起互相幫助才有可能。

考慮了這些情況，有職業的女性便對結婚心生恐懼，不過到了三十歲左右，女性的安全念頭會增加，對婚姻有了渴望，但是久而久之，發現自己已經蹉跎歲月，誤了婚期後，愕然、憤怒的感覺就爆發了。

這種現象被取名爲「新月麵包症候群」，以某個角度來看，這類女性的增加是極自然的事。

所以，雖然不願意結婚，卻希望擁有小孩的女性在最近也增加了不少，這是由於DNA的命令在驅使所致，只是有的人是選擇服從，有的人則不予理會。

後　言

讀者們在看完這本書後，也許會覺得太不含蓄了，內容盡是出人意外、不合期望，不是你想像中的新男女關係應該有的方式，也不是異性關係的理想模式。

只是問題就出在如杜金斯在《自私的遺傳因子》中所說的，縱使生物的本性是自私的，但是人類並不一定非得採取自私的行動不可。

人類在今日的行動都披上一層時代及文化影響的外衣，其中經過語言、外形打扮的濃妝豔抹的，又以男女關係及性愛為最。

在精心設計後，下一步必須如何開始，就端看那個人的價值基準以何者為主角來選擇。雖然人類也是生物，與許多哺乳類有相同的性質，可是站在宗教的立場來說，他也是「上帝的化身」，所以如何使愛的模式更洗練、更高級，那是人類能夠操縱的。

最愚蠢的作法莫過於是被時代的潮流沖走，壓抑了自我感情、忘卻了本性。就像是人類原本就有生物的連帶感及柔情，可是再一而再，再而三地提出自我主張才是「解放人性」的想法都是不對的，而且這只是其中一種而已。

本書是針對今日及將來的「男女關係」來回答濱野出版社編輯部所提出的疑問，之後再綜合兩者的思考方式提出這份報告。我所參考的資料有：

S·佛洛依德《佛洛依德著作集》（人文書院出版）
S·佛洛依德《佛洛依德選集》（日本教文社出版）
A·亞特《亞特選集》（日本教文社出版）
K·羅倫斯《比較行為學Ⅰ、Ⅱ》（思索社出版）

此外尚參考了戴斯蒙·摩里斯、C·G·容格、A·戴里、E·O·威爾遜等外國學者的研究，及本國的大島清、福島章、竹內久美子、河合隼雄、河合雅雄的著作及論文，並且根據自己所需，截取其研究觀點來使用，在此藉這個篇幅表達我誠摯的謝意。

小田　晉

大展出版社有限公司 圖書目錄

地址：台北市北投區11204
致遠一路二段12巷1號
郵撥： 0166955～1
電話：(02) 8236031
8236033
傳眞：(02) 8272069

・法律專欄連載・電腦編號 58

台大法學院 法律學系／策劃
法律服務社／編著

①別讓您的權利睡著了1	200元
②別讓您的權利睡著了2	200元

・秘傳占卜系列・電腦編號 14

①手相術	淺野八郎著	150元
②人相術	淺野八郎著	150元
③西洋占星術	淺野八郎著	150元
④中國神奇占卜	淺野八郎著	150元
⑤夢判斷	淺野八郎著	150元
⑥前世、來世占卜	淺野八郎著	150元
⑦法國式血型學	淺野八郎著	150元
⑧靈感、符咒學	淺野八郎著	150元
⑨紙牌占卜學	淺野八郎著	150元
⑩ＥＳＰ超能力占卜	淺野八郎著	150元
⑪猶太數的秘術	淺野八郎著	150元
⑫新心理測驗	淺野八郎著	160元

・趣味心理講座・電腦編號 15

①性格測驗１	探索男與女	淺野八郎著	140元
②性格測驗２	透視人心奧秘	淺野八郎著	140元
③性格測驗３	發現陌生的自己	淺野八郎著	140元
④性格測驗４	發現你的真面目	淺野八郎著	140元
⑤性格測驗５	讓你們吃驚	淺野八郎著	140元
⑥性格測驗６	洞穿心理盲點	淺野八郎著	140元
⑦性格測驗７	探索對方心理	淺野八郎著	140元
⑧性格測驗８	由吃認識自己	淺野八郎著	140元
⑨性格測驗９	戀愛知多少	淺野八郎著	140元

⑩性格測驗10	由裝扮瞭解人心	淺野八郎著	140元
⑪性格測驗11	敲開內心玄機	淺野八郎著	140元
⑫性格測驗12	透視你的未來	淺野八郎著	140元
⑬血型與你的一生		淺野八郎著	140元
⑭趣味推理遊戲		淺野八郎著	160元
⑮行爲語言解析		淺野八郎著	160元

・婦 幼 天 地・電腦編號16

①八萬人減肥成果	黃靜香譯	180元
②三分鐘減肥體操	楊鴻儒譯	150元
③窈窕淑女美髮秘訣	柯素娥譯	130元
④使妳更迷人	成　玉譯	130元
⑤女性的更年期	官舒妍編譯	160元
⑥胎內育兒法	李玉瓊編譯	150元
⑦早產兒袋鼠式護理	唐岱蘭譯	200元
⑧初次懷孕與生產	婦幼天地編譯組	180元
⑨初次育兒12個月	婦幼天地編譯組	180元
⑩斷乳食與幼兒食	婦幼天地編譯組	180元
⑪培養幼兒能力與性向	婦幼天地編譯組	180元
⑫培養幼兒創造力的玩具與遊戲	婦幼天地編譯組	180元
⑬幼兒的症狀與疾病	婦幼天地編譯組	180元
⑭腿部苗條健美法	婦幼天地編譯組	150元
⑮女性腰痛別忽視	婦幼天地編譯組	150元
⑯舒展身心體操術	李玉瓊編譯	130元
⑰三分鐘臉部體操	趙薇妮著	160元
⑱生動的笑容表情術	趙薇妮著	160元
⑲心曠神怡減肥法	川津祐介著	130元
⑳內衣使妳更美麗	陳玄茹譯	130元
㉑瑜伽美姿美容	黃靜香編著	150元
㉒高雅女性裝扮學	陳珮玲譯	180元
㉓蠶糞肌膚美顏法	坂梨秀子著	160元
㉔認識妳的身體	李玉瓊譯	160元
㉕產後恢復苗條體態	居理安・芙萊喬著	200元
㉖正確護髮美容法	山崎伊久江著	180元
㉗安琪拉美姿養生學	安琪拉蘭斯博瑞著	180元
㉘女體性醫學剖析	增田豐著	220元
㉙懷孕與生產剖析	岡部綾子著	180元
㉚斷奶後的健康育兒	東城百合子著	220元

・青春天地・電腦編號17

①A血型與星座	柯素娥編譯	120元
②B血型與星座	柯素娥編譯	120元
③O血型與星座	柯素娥編譯	120元
④AB血型與星座	柯素娥編譯	120元
⑤青春期性教室	呂貴嵐編譯	130元
⑥事半功倍讀書法	王毅希編譯	150元
⑦難解數學破題	宋釗宜編譯	130元
⑧速算解題技巧	宋釗宜編譯	130元
⑨小論文寫作秘訣	林顯茂編譯	120元
⑪中學生野外遊戲	熊谷康編著	120元
⑫恐怖極短篇	柯素娥編譯	130元
⑬恐怖夜話	小毛驢編譯	130元
⑭恐怖幽默短篇	小毛驢編譯	120元
⑮黑色幽默短篇	小毛驢編譯	120元
⑯靈異怪談	小毛驢編譯	130元
⑰錯覺遊戲	小毛驢編譯	130元
⑱整人遊戲	小毛驢編著	150元
⑲有趣的超常識	柯素娥編譯	130元
⑳哦！原來如此	林慶旺編譯	130元
㉑趣味競賽100種	劉名揚編譯	120元
㉒數學謎題入門	宋釗宜編譯	150元
㉓數學謎題解析	宋釗宜編譯	150元
㉔透視男女心理	林慶旺編譯	120元
㉕少女情懷的自白	李桂蘭編譯	120元
㉖由兄弟姊妹看命運	李玉瓊編譯	130元
㉗趣味的科學魔術	林慶旺編譯	150元
㉘趣味的心理實驗室	李燕玲編譯	150元
㉙愛與性心理測驗	小毛驢編譯	130元
㉚刑案推理解謎	小毛驢編譯	130元
㉛偵探常識推理	小毛驢編譯	130元
㉜偵探常識解謎	小毛驢編譯	130元
㉝偵探推理遊戲	小毛驢編譯	130元
㉞趣味的超魔術	廖玉山編著	150元
㉟趣味的珍奇發明	柯素娥編著	150元
㊱登山用具與技巧	陳瑞菊編著	150元

・健康天地・電腦編號18

①壓力的預防與治療	柯素娥編譯	130元
②超科學氣的魔力	柯素娥編譯	130元
③尿療法治病的神奇	中尾良一著	130元
④鐵證如山的尿療法奇蹟	廖玉山譯	120元
⑤一日斷食健康法	葉慈容編譯	120元
⑥胃部強健法	陳炳崑譯	120元
⑦癌症早期檢查法	廖松濤譯	160元
⑧老人痴呆症防止法	柯素娥編譯	130元
⑨松葉汁健康飲料	陳麗芬編譯	130元
⑩揉肚臍健康法	永井秋夫著	150元
⑪過勞死、猝死的預防	卓秀貞編譯	130元
⑫高血壓治療與飲食	藤山順豐著	150元
⑬老人看護指南	柯素娥編譯	150元
⑭美容外科淺談	楊啟宏著	150元
⑮美容外科新境界	楊啟宏著	150元
⑯鹽是天然的醫生	西英司郎著	140元
⑰年輕十歲不是夢	梁瑞麟譯	200元
⑱茶料理治百病	桑野和民著	180元
⑲綠茶治病寶典	桑野和民著	150元
⑳杜仲茶養顏減肥法	西田博著	150元
㉑蜂膠驚人療效	瀨長良三郎著	150元
㉒蜂膠治百病	瀨長良三郎著	180元
㉓醫藥與生活	鄭炳全著	180元
㉔鈣長生寶典	落合敏著	180元
㉕大蒜長生寶典	木下繁太郎著	160元
㉖居家自我健康檢查	石川恭三著	160元
㉗永恒的健康人生	李秀鈴譯	200元
㉘大豆卵磷脂長生寶典	劉雪卿譯	150元
㉙芳香療法	梁艾琳譯	160元
㉚醋長生寶典	柯素娥譯	180元
㉛從星座透視健康	席拉・吉蒂斯著	180元
㉜愉悅自在保健學	野本二士夫著	160元
㉝裸睡健康法	丸山淳士等著	160元
㉞糖尿病預防與治療	藤田順豐著	180元
㉟維他命長生寶典	菅原明子著	180元
㊱維他命C新效果	鐘文訓編	150元
㊲手、腳病理按摩	堤芳郎著	160元
㊳AIDS瞭解與預防	彼得塔歇爾著	180元
㊴甲殼質殼聚糖健康法	沈永嘉譯	160元
㊵神經痛預防與治療	木下眞男著	160元
㊶室內身體鍛鍊法	陳炳崑編著	160元

㊷吃出健康藥膳	劉大器編著	180元
㊸自我指壓術	蘇燕謀編著	160元
㊹紅蘿蔔汁斷食療法	李玉瓊編著	150元
㊺洗心術健康秘法	竺翠萍編譯	170元
㊻枇杷葉健康療法	柯素娥編譯	180元
㊼抗衰血癒	楊啟宏著	180元

・實用女性學講座・電腦編號 19

①解讀女性內心世界	島田一男著	150元
②塑造成熟的女性	島田一男著	150元
③女性整體裝扮學	黃靜香編著	180元
④女性應對禮儀	黃靜香編著	180元

・校園系列・電腦編號 20

①讀書集中術	多湖輝著	150元
②應考的訣竅	多湖輝著	150元
③輕鬆讀書贏得聯考	多湖輝著	150元
④讀書記憶秘訣	多湖輝著	150元
⑤視力恢復！超速讀術	江錦雲譯	180元

・實用心理學講座・電腦編號 21

①拆穿欺騙伎倆	多湖輝著	140元
②創造好構想	多湖輝著	140元
③面對面心理術	多湖輝著	160元
④偽裝心理術	多湖輝著	140元
⑤透視人性弱點	多湖輝著	140元
⑥自我表現術	多湖輝著	150元
⑦不可思議的人性心理	多湖輝著	150元
⑧催眠術入門	多湖輝著	150元
⑨責罵部屬的藝術	多湖輝著	150元
⑩精神力	多湖輝著	150元
⑪厚黑說服術	多湖輝著	150元
⑫集中力	多湖輝著	150元
⑬構想力	多湖輝著	150元
⑭深層心理術	多湖輝著	160元
⑮深層語言術	多湖輝著	160元
⑯深層說服術	多湖輝著	180元
⑰掌握潛在心理	多湖輝著	160元

⑱洞悉心理陷阱	多湖輝著	180元

・超現實心理講座・電腦編號 22

①超意識覺醒法	詹蔚芬編譯	130元
②護摩秘法與人生	劉名揚編譯	130元
③秘法！超級仙術入門	陸　明譯	150元
④給地球人的訊息	柯素娥編著	150元
⑤密教的神通力	劉名揚編著	130元
⑥神秘奇妙的世界	平川陽一著	180元
⑦地球文明的超革命	吳秋嬌譯	200元
⑧力量石的秘密	吳秋嬌譯	180元
⑨超能力的靈異世界	馬小莉譯	200元

・養 生 保 健・電腦編號 23

①醫療養生氣功	黃孝寬著	250元
②中國氣功圖譜	余功保著	230元
③少林醫療氣功精粹	井玉蘭著	250元
④龍形實用氣功	吳大才等著	220元
⑤魚戲增視強身氣功	宮　嬰著	220元
⑥嚴新氣功	前新培金著	250元
⑦道家玄牝氣功	張　章著	200元
⑧仙家秘傳袪病功	李遠國著	160元
⑨少林十大健身功	秦慶豐著	180元
⑩中國自控氣功	張明武著	250元
⑪醫療防癌氣功	黃孝寬著	250元
⑫醫療強身氣功	黃孝寬著	250元
⑬醫療點穴氣功	黃孝寬著	220元
⑭中國八卦如意功	趙維漢著	180元
⑮正宗馬禮堂養氣功	馬禮堂著	420元

・社會人智囊・電腦編號 24

①糾紛談判術	清水增三著	160元
②創造關鍵術	淺野八郎著	150元
③觀人術	淺野八郎著	180元
④應急詭辯術	廖英迪編著	160元
⑤天才家學習術	木原武一著	160元
⑥猫型狗式鑑人術	淺野八郎著	180元
⑦逆轉運掌握術	淺野八郎著	180元

⑧人際圓融術	澀谷昌三著	160元
⑨解讀人心術	淺野八郎著	180元
⑩與上司水乳交融術	秋元隆司著	180元

•精 選 系 列• 電腦編號 25

①毛澤東與鄧小平	渡邊利夫等著	280元
②中國大崩裂	江戶介雄著	180元
③台灣・亞洲奇蹟	上村幸治著	220元
④7-ELEVEN高盈收策略	國友隆一著	180元
⑤台灣獨立	森 詠著	200元
⑥迷失中國的末路	江戶雄介著	220元
⑦2000年5月全世界毀滅	紫藤甲子男著	180元

•運 動 遊 戲• 電腦編號 26

①雙人運動	李玉瓊譯	160元
②愉快的跳繩運動	廖玉山譯	180元
③運動會項目精選	王佑京譯	150元
④肋木運動	廖玉山譯	150元
⑤測力運動	王佑宗譯	150元

•銀髮族智慧學• 電腦編號 28

①銀髮六十樂逍遙	多湖輝著	170元
②人生六十反年輕	多湖輝著	170元

•心 靈 雅 集• 電腦編號 00

①禪言佛語看人生	松濤弘道著	180元
②禪密教的奧秘	葉逯謙譯	120元
③觀音大法力	田口日勝著	120元
④觀音法力的大功德	田口日勝著	120元
⑤達摩禪106智慧	劉華亭編譯	150元
⑥有趣的佛教研究	葉逯謙編譯	120元
⑦夢的開運法	蕭京凌譯	130元
⑧禪學智慧	柯素娥編譯	130元
⑨女性佛教入門	許俐萍譯	110元
⑩佛像小百科	心靈雅集編譯組	130元
⑪佛教小百科趣談	心靈雅集編譯組	120元
⑫佛教小百科漫談	心靈雅集編譯組	150元

⑬佛教知識小百科	心靈雅集編譯組	150元
⑭佛學名言智慧	松濤弘道著	220元
⑮釋迦名言智慧	松濤弘道著	220元
⑯活人禪	平田精耕著	120元
⑰坐禪入門	柯素娥編譯	120元
⑱現代禪悟	柯素娥編譯	130元
⑲道元禪師語錄	心靈雅集編譯組	130元
⑳佛學經典指南	心靈雅集編譯組	130元
㉑何謂「生」 阿含經	心靈雅集編譯組	150元
㉒一切皆空 般若心經	心靈雅集編譯組	150元
㉓超越迷惘 法句經	心靈雅集編譯組	130元
㉔開拓宇宙觀 華嚴經	心靈雅集編譯組	130元
㉕真實之道 法華經	心靈雅集編譯組	130元
㉖自由自在 涅槃經	心靈雅集編譯組	130元
㉗沈默的教示 維摩經	心靈雅集編譯組	150元
㉘開通心眼 佛語佛戒	心靈雅集編譯組	130元
㉙揭秘寶庫 密教經典	心靈雅集編譯組	130元
㉚坐禪與養生	廖松濤譯	110元
㉛釋尊十戒	柯素娥編譯	120元
㉜佛法與神通	劉欣如編著	120元
㉝悟（正法眼藏的世界）	柯素娥編譯	120元
㉞只管打坐	劉欣如編著	120元
㉟喬答摩・佛陀傳	劉欣如編著	120元
㊱唐玄奘留學記	劉欣如編著	120元
㊲佛教的人生觀	劉欣如編譯	110元
㊳無門關（上卷）	心靈雅集編譯組	150元
㊴無門關（下卷）	心靈雅集編譯組	150元
㊵業的思想	劉欣如編著	130元
㊶佛法難學嗎	劉欣如著	140元
㊷佛法實用嗎	劉欣如著	140元
㊸佛法殊勝嗎	劉欣如著	140元
㊹因果報應法則	李常傳編	140元
㊺佛教醫學的奧秘	劉欣如編著	150元
㊻紅塵絕唱	海　若著	130元
㊼佛教生活風情	洪丕謨、姜玉珍著	220元
㊽行住坐臥有佛法	劉欣如著	160元
㊾起心動念是佛法	劉欣如著	160元
㊿四字禪語	曹洞宗青年會	200元
51妙法蓮華經	劉欣如編著	160元

㊿根本佛教與大乘佛教	葉作森編	元

•經 營 管 理• 電腦編號 01

◎創新經營管理六十六大計（精）	蔡弘文編	780元
①如何獲取生意情報	蘇燕謀譯	110元
②經濟常識問答	蘇燕謀譯	130元
③股票致富68秘訣	簡文祥譯	200元
④台灣商戰風雲錄	陳中雄著	120元
⑤推銷大王秘錄	原一平著	180元
⑥新創意・賺大錢	王家成譯	90元
⑦工廠管理新手法	琪　輝著	120元
⑧奇蹟推銷術	蘇燕謀譯	100元
⑨經營參謀	柯順隆譯	120元
⑩美國實業24小時	柯順隆譯	80元
⑪撼動人心的推銷法	原一平著	150元
⑫高竿經營法	蔡弘文編	120元
⑬如何掌握顧客	柯順隆譯	150元
⑭一等一賺錢策略	蔡弘文編	120元
⑯成功經營妙方	鐘文訓著	120元
⑰一流的管理	蔡弘文編	150元
⑱外國人看中韓經濟	劉華亭譯	150元
⑲企業不良幹部群相	琪輝編著	120元
⑳突破商場人際學	林振輝編著	90元
㉑無中生有術	琪輝編著	140元
㉒如何使女人打開錢包	林振輝編著	100元
㉓操縱上司術	邑井操著	90元
㉔小公司經營策略	王嘉誠著	160元
㉕成功的會議技巧	鐘文訓編譯	100元
㉖新時代老闆學	黃柏松編著	100元
㉗如何創造商場智囊團	林振輝編譯	150元
㉘十分鐘推銷術	林振輝編譯	180元
㉙五分鐘育才	黃柏松編譯	100元
㉚成功商場戰術	陸明編譯	100元
㉛商場談話技巧	劉華亭編譯	120元
㉜企業帝王學	鐘文訓譯	90元
㉝自我經濟學	廖松濤編譯	100元
㉞一流的經營	陶田生編著	120元
㉟女性職員管理術	王昭國編譯	120元
㊱ＩＢＭ的人事管理	鐘文訓編譯	150元
㊲現代電腦常識	王昭國編譯	150元

國家圖書館出版品預行編目資料

男女心態定律/小田晉著；沈永嘉譯
—— 初版，—— 臺北市，大展，民85
面；　　公分，——（社會人智囊；11）
譯自：精神科醫が明かす男と女心の法則
ISBN 957-557-613-6（平裝）

1.兩性關係

544.7　　85005697

男女心態定律

ISBN 957-557-613-6

原著者/小田晉
編譯者/沈永嘉
發行人/蔡森明
出版者/大展出版社有限公司
社址/台北市北投區（石牌）致遠一路2段12巷1號
電話/（02）8236031·8236033
傳真/（02）8272069
郵政劃撥/0166955-1
登記證/局版臺業字第2171號
承印者/高星企業有限公司
裝訂/日新裝訂所
排版者/弘益電腦排版有限公司
電話/（02）5611592
初版/1996年（民85年）7月
定價/180元

好書大展

大展好書 好書大展